मेरी पहचान

मेरी पहचान

मनोज सिंह

वाणी प्रकाशन

वाणी प्रकाशन का 'लोगो'
विख्यात चित्रकार मक़बूल फ़िदा हुसेन की
कूची से

ISBN : 978-93-5000-041-0

वाणी प्रकाशन
21-ए, दरियागंज, नयी दिल्ली-110002
द्वारा प्रकाशित

फोन : 0091#11#23273167, 23275710
फैक्स : 0091#11#23275710
ई-मेलः vaniprakashan@gmail.com
vani_prakashan@yahoo.com
वेबसाइट : www.vaniprakashan.in

प्रथम संस्करण : 2009 मूल्य : 200.00

जय भारत प्रिंटिंग प्रेस, शाहदरा, दिल्ली-110032
द्वारा मुद्रित

MERI PAHCHAN
Stories by: Manoj Singh

प्यार सहित, मेरी प्रिय बेटियों
अनुलिका व मानविका
के नाम

प्राक्कथन

हर एक जीवन एक उपन्यास की भांति है तो मनुष्य का हर दिन एक कहानी, जहाँ हर पल कोई कथा एक नये रूप में जन्म लेती रहती है। अपने चारों ओर कहीं भी नजर डालें, कोई-न-कोई घटनाक्रम चलते-दौड़ते-घटते हुए मिल जायेगा। यहाँ पात्र बदलते रहते हैं। उनकी भाषा बदलती है। स्थान बदलता है। भावनाएँ बदलती हैं और बदल रहा है समय। साथ ही बदलती है जिन्दगियाँ। जिसका अन्त भी बदलता है। रूप भी बदलता है। गुण और रास्ते भी बदलते हैं। यही नहीं समाज, सभ्यता, संस्कृति यहाँ तक कि सत्य भी समय के साथ अपना स्वरूप बदलता है। सब कुछ परिवर्तनशील है। युगों से हमारी पीढ़ियों के आने-जाने का क्रम जारी है। यह अन्तहीन शृंखला परिवार में क्रमवार उपस्थित है। जहाँ हर बार और कुछ नहीं तो चेहरे बदल जाते हैं। नाम बदल जाता है। बेटा, बाप और फिर दादा-नाना बनकर धीरे-से दुनिया से पलायन कर जाता है। जरूरी भी है। नये को जो आना है। कोई और बेटा-बेटी बन कर आ रहा होता है। यही प्रकृति का प्रमुख सूत्र है-जीवन का आधार। तो फिर लेखन में बदलाव क्यों नहीं आना चाहिए? आना चाहिए, आ रहा है। और जो नहीं आयेगा तो साहित्य मृतप्रायः हो जाएगा। जिसमें गति नहीं है, बदलाव नहीं है, परिवर्तन नहीं है, वहाँ जीवन नहीं है। ऐसे साहित्य में स्पंदन नहीं हो सकता। यह साहित्य के जिन्दा रहने का ही आग्रह है जो उपन्यास का स्वरूप बदला, कविता का प्रवाह बदला और साथ ही बदल रही है कहानियाँ। जहाँ कथावस्तु बदल रही है, पृष्ठभूमि बदल रही है, सूत्र व संवाद बदल रहे हैं और बदल रही हैं शैलियाँ। अपनी चुनी हुई कहानियों के इस संकलन को दोनों बेटियों अनुलिका व मानविका को समर्पित करने के पीछे यही प्रमुख कारण है। वे आने वाला कल हैं और इनके माध्यम से भविष्य ने वर्तमान बन कर इन कहानियों को लिखने में कई तरह से मेरी मदद की। कई बार दोनों बेटियाँ, कहानियों में काल्पनिक पात्र बन कर उभरीं

तो कभी इनके द्वारा पूछे गए प्रश्न, कही गई बातें, कहानी का मूल आधार बन गईं। इनकी दिनचर्या, दोस्तों से बातचीत, स्कूल और कालेज के घटनाक्रम ने कुछ कहानियों की पृष्ठभूमि तैयार की।

मैं बच्चों का प्रशंसक रहा हूँ। अगली पीढ़ी पिछली से आगे रहती है। यह स्वाभाविक है। नयी पीढ़ी को पुरानी पीढ़ी द्वारा बनाये गये रास्तों पर आगे दौड़ना होता है एक नयी मंज़िल की ओर, जो फिर आगे आने वाली पीढ़ी के लिए नये धरातल की स्थापना करती है। यह एक सतत प्रक्रिया है जो निरन्तर जारी है। पुराना नये को अपने सभी अनुभव दे देता है, विरासत में। अब समझ कर उसमें नये अनुभव को जोड़ने का काम आगे वाले का है। नये के पास पुराने से अधिक उपलब्धता होती है। अधिक सुविधाएँ, अधिक जागरूकता। यही कारण है कि नयी पीढ़ी हमेशा आगे होती है। अधिक ज्ञानी, अधिक सूचित, अधिक चतुर और अधिक समझदार भी। पुरानों को इसे स्वीकार करने में कष्ट हो सकता है, मगर यह सत्य है। यकीन से कह सकता हूँ, मैं अपने बच्चों की उम्र में इनसे कम जानकारी रखता था, कम किताबें पढ़ पाया था और कम दुनिया को जानता था। अधिकांश परिवारों में भी शायद यही होगा। ये हमारे भविष्य हैं जिसे सदा उज्ज्वल रहना चाहिए। यही हमारी कामना भी होती है।

बाल्यकाल में जानने की उत्सुकता और युवा वर्ग का उत्साह देखने लायक होता है। उम्र के साथ आदमी परिपक्व हो जाता है, ऐसा उससे अपेक्षित भी है। मगर फिर वो किसी काम का नहीं रह जाता। कम से कम सृजन के लिए तो बिलकुल भी नहीं। सृजन के लिए नयी कल्पनाओं का, नये दृष्टिकोण का, नयी सोच का होना आवश्यक है, और ये सब बच्चों और युवाओं में अधिक पाया जाता है। उनके नये सवाल आपको सोचने के लिए मजबूर कर सकते हैं। इनकी ऊर्जा आपको कुछ नया करने के लिए प्रेरित कर सकती है। इनमें नया जोश होता है। जीवन की उमंग। इनकी नवीनता, जागरूकता व मौलिकता नये को प्रमाणित व परिभाषित करती है। इसे लेखन में उतारते ही यह नवलेखन हो जाता है। कहानी का पात्र बूढ़ा हो सकता है, कहानीकार बुजुर्ग हो सकता है, मगर लेखन को नवलेखन बनाये रखने के लिए लेखक में नयी ऊर्जा, नयी दृष्टि, नये विचार, नये पात्र, नये घटनाक्रम, नयी मुश्किलें, नये समाधान चाहिए। अन्यथा या तो रचनाकार अपने आप को रिपीट करेगा और बासी कहलायेगा या फिर थका-हारा कूड़े-कचरे की उत्पत्ति करेगा। यही कारण है जो सृजन के संसार में बच्चों से बेहतर कोई प्रेरणा का स्रोत नहीं बन सकता। ये

जीवन को अपनी नज़र से देखते हैं। इनके लिए हर पल नया पल होता है। इनमें स्थिरता व स्थायित्व के कारण उत्पन्न सड़न या बदबू नहीं होती। नये विषयों का अभाव नहीं होता। इनके सम्बन्धों में ताज़गी होती है। भावनाओं में खुशबू और प्रेम से उम्मीद। इनकी हँसी में उल्लास तो आसुँओं में उष्णता होती है। इनका दिल तेज़ी से धड़कता है और कुछ कर गुज़रने के लिए भड़क उठता है। वे चीजों को यथावत् स्वीकार नहीं करते। उसको देखते-परखते हैं, उसमें खोजबीन करते हैं, पूछताछ करते हैं, विश्लेषण करते हैं। उसे अपनी सोच में अपनी तरह से ढालने की कोशिश करते हैं। समझने का प्रयास तो करते हैं, मगर अमूमन सब कुछ बदल डालने के चक्कर में जुटे रहते हैं, पूरे आत्मविश्वास के साथ। एक नया संघर्ष। यहाँ तक कि समाज को ही बदल डालेंगे, इन सपनों से हर रात वे गुज़रते हैं। सपने भी ऐसे जहाँ कोई सीमाएँ नहीं। कोई रुकावट नहीं। अन्तहीन आकाश में ऊँची उड़ान। जहाँ तक पहुँच सके। और यही बनता है परिवर्तन का कारण, जो यथास्थिति बने रहने नहीं देता और व्यवस्था को गतिमान बनाये रखता है।

नयी पीढ़ी नये समय का प्रतिनिधित्व ही नहीं करती, वो नये समाज की उत्पत्ति भी करती है। चूंकि लेखन को समाज से अलग हट कर नहीं देखा जा सकता, इसीलिए उसे अपने समय के साथ होना चाहिए। उसमें अपने वर्तमान को समेटने की शक्ति होनी चाहिए। बीता हुआ कल आज संदर्भित तो हो सकता है मगर उपयोगी भी हो, ज़रूरी नहीं। आज की समस्या को आज का हल चाहिए। समय के साथ सब कुछ परिवर्तनशील है। मुश्किलें अगर नयी हैं तो समाधान भी नये होंगे। गलत और सही भी समय के पैमाने पर चलते हुए ऊपर-नीचे होते रहते हैं। बहुत हद तक बदलते रहते हैं। साहित्य को इनके साथ चलने के लिए समय की गति से चलना होगा और इसीलिए नयी पीढ़ी में जाना होगा। मेरे इसी प्रयास की झलक इन कहानियों में पाठकों को मिलेगी।

पुरानी पीढ़ी नयी पीढ़ी को अमूमन इस नयेपन की सम्पूर्ण प्रक्रिया से दूर रखने की कोशिश करती है। साहित्य-कला में ही नहीं, जीवन के हर क्षेत्र में। ये अनुभवी वरिष्ठ पीढ़ी अपनी अनगिनत पराजय को मस्तिष्क में कहीं छुपा कर पालती-पोसती है और फिर तमाम उम्र तरह-तरह से परोसती है। अपने वर्चस्व को बरकरार रखने के लिए अनुशासन के नाम पर आने वाले कल को सीमाओं में बाँधने का प्रयास करती है। अपने डर को अनुभव की चाशनी में डुबो कर एक स्वतन्त्र पीढ़ी के नैसर्गिक विकास पर रोक लगाती है। बुजुर्ग सहयोग नहीं करते। सलाह-मशविरा

नहीं देते, मार्गदर्शन नहीं करते, स्वयं नेतृत्व करने लग पड़ते हैं। सुनना पसन्द नहीं करते। न मानने पर पूरा संसार सिर पर उठा लेते हैं। आँसुओं में सारे संस्कारों को डुबो दिया जाता है, भावनाओं में सब कुछ भिगो दिया जाता है। संस्कृति व सभ्यता पर दोषारोपण शुरू हो जाता है। पुरानी पीढ़ी अधिकारों की बात तो करती है मगर कर्तव्य से दूर ही रहती है, बचती है। वो तो अपनी महत्वकांक्षाओं के साथ जीती है और दूसरों के साथ खेलती है। अपनी चुकी हुई बातों को पुनर्जीवित करने का प्रयास करती है। पकी उम्र में भी अपने सपने बोये जाते हैं। अपने विचार-दृष्टिकोण यहाँ तक कि पसन्द-नापसन्द को भी थोपा जाता है। तर्क से, प्यार से, रिश्तों के बन्धन से। कभी-कभी धर्म के नाम पर। कहीं-कहीं बलपूर्वक भी। किस्से कहानी और इतिहास की दुहाई देकर। और यहीं रुक जाता है नयी पीढ़ी का विकासक्रम, उनका कल्पनाओं में उड़ने का प्रयास। नये और पुराने के बीच यह अन्तर्द्वंद्व जारी है और सदा रहेगा। अगर हम इस से बच सकें तो अगली पीढ़ी को एक स्वतन्त्र जीवन जीने के लिए वातावरण दे सकते हैं। जहाँ वो नये आकाश को छूने के लिए उड़ सकेंगे।

- मनोज सिंह

मेरे चेहरे के नकाबों
यह तुमने क्या कर डाला,
दोस्त न पहचाने मुझे
मेरा नाम बदल डाला।

– मनोज सिंह

अनुक्रम

अनचाहे रिश्तों की चाहत

आज सुबह जैकी ने खाना खाने से इनकार कर दिया था। अनिल ने उसे मनाने की बहुत कोशिश की थी। साफ-साफ दिखाई दे रहा था कि रूठ रहा है। कल सक्सेना परिवार फिल्म देखने के बाद, लम्बी ड्राइव पर चला गया था। रात वापस आने में थोड़ा वक्त लगने लगा तो बच्चों से अधिक सुनीता को चिन्ता हुई थी। जबकि बहुत दिनों बाद घर से निकलना हुआ था। कुछ दिनों से सारा परिवार, एक साथ घूमने फिरने कम ही जा पाता था। परिवार क्या...कुल चार सदस्य।...फिर भी माँ को अधिक परेशान देख कर आकाश और प्रतीक्षा की खुशी का ठिकाना नहीं था। उन्हें अत्यन्त प्रसन्नता हो रही थी कि आखिरकार माँ को भी जैकी से प्यार हो ही गया। घर का पाँचवाँ सदस्य...अनचाहा...मगर बच्चों का प्यारा। शायद दादा-दादी की जगह लेने की कोशिश में...कुछ-कुछ सफल और बहुत हद तक उनसे बेहतर हालत में।

यूँ तो जैकी कई बार घर पर अकेला रह चुका था। परन्तु अब तक कुछ समय के लिए ही ऐसा होता था। इतने लम्बे समय के लिए, यह पहली बार हुआ था। अनिल को देर रात आते ही महसूस हो चुका था कि जैकी इसी कारण से नाराज़ है। वैसे तो जब से इस घर में आया है, अनिल सक्सेना का पूरा परिवार उसे तकरीबन हर जगह साथ ही ले जाने की कोशिश करता है। मगर इनसानों की इस दुनिया में कुछ स्थान ऐसे भी हैं, जहाँ मनुष्य ने अन्य सभी जीवित प्राणियों के लिए प्रवेश वर्जित कर रखा है। कई जगह तो उसने अपने ही लोगों को भी घुसने से मना किया हुआ है तो फिर जानवरों की क्या बात की जाये। अपनी बसायी दुनिया में उसके लिए मैं, या बहुत अधिक हुआ तो मेरे, इसके आगे अन्य का कोई स्थान नहीं। बस मेरे की परिभाषा बदलती रहती है, परिधि और उसकी सीमाएँ परिवर्तित होती रहती हैं।

पिक्चर हॉल में, रेस्टोरेंट में कुत्ते एवं अन्य पालतू जानवर नहीं जा सकते।

व्यावहारिक एवं उपयोगी नहीं है, इसीलिये सम्भव भी नहीं। व्यावहारिकता व उपयोगिता सिर्फ मानव के शब्दकोश में ही उपस्थित हैं, प्रकृति के आचरण में इनका कोई अस्तित्व नहीं। आदमी की दुनिया में जानवरों के लिए और भी मुश्किलें हैं जो सभ्य समाज की सोच के साथ-साथ विकसित होती चली गयीं। घर में पालतू जानवर हो और अगर कहीं दूर जाना पड़े तो बड़ी मुश्किल होती है। कुछ दिनों के लिए शहर से बाहर जाना तो असम्भव है। कोई न कोई पक्का इन्तज़ाम करना पड़ता है। यही हाल घर में बुजुर्ग के रहने पर भी होता है। कपूत की तो बात ही क्या करना, समझदार सपूत भी हर जगह उन्हें ले जाना नहीं चाहते, और वे घर पर अकेले रह नहीं सकते...अर्थात, परेशानी ही परेशानी। पहले तो संयुक्त परिवार होता था। घर के दरवाजे बन्द ही नहीं होते थे। हर रात दीपक जलता था। अब तो घर का मुखिया भी अगर बीमार हो जाये तो स्वयं गाड़ी चला कर अस्पताल जाना पड़ता है। हम दो हमारे एक में कौन किसका ध्यान रखे, बड़ी मुश्किल होती है। फिर भी, बुजुर्ग तो एक बार मन मार कर अकेले रह सकते हैं मगर जानवर के लिए तो सम्भव ही नहीं। कुछ बड़े शहरों ने इसका इलाज ढूँढ़ लिया है। होटल या वृद्धाश्रम की तरह पालतू जानवरों के लिए भी डॉग हाउस और पैट हॉस्टल बना दिये गये हैं जहाँ इन्हें कुछ दिनों के लिए भेज दिया जाता है। वैसे छोटे घरेलू जानवरों के साथ कार में सफर किया जा सकता है... फैशन में भी है। मगर बसों में, ट्रेन और हवाई जहाज में इनको साथ नहीं ले जा सकते। फिर जिनके निजी प्लेन हैं वे कुत्ते-बिल्ली ही नहीं, नौकरों को भी साथ ले जा सकते हैं। हाँ, जो अपने पालतू प्रिय जानवरों को ट्रेन में बुक करा कर ले जाते हैं, बाद में पछताते हैं। दुलारे पशु की हालत इतनी ज्यादा खराब हो जाती है कि बेचारे कई बार मरने की स्थिति तक पहुँच जाते हैं।

अनिल और सुनीता ने अपने दोनों बच्चों के साथ, जैकी को पालने से पहले इस मुद्दे पर खुल कर, कई बार चर्चा की थी। उन्हें ये समझाने की कोशिश की गई थी कि इससे सारा परिवार एक अनचाहे बन्धन की जकड़न में फंस जायेगा। इसके कारण सभी की स्वतन्त्रता छिन जाएगी। यह एक बच्चे को पालने की तरह महत्वपूर्ण एवं ज़िम्मेदारी वाला काम है। आप इसके घर आने के बाद बेफिक्र हो कर घूम-फिर नहीं सकते। सुनीता और अनिल को याद था, मम्मी-पापा जब तक जिंदा थे कितनी परेशानी होती थी। फिर बुजुर्ग भी तो बच्चों की तरह ही करते हैं, मगर हम उन्हें बच्चे तो मान नहीं सकते। हर युग में, तत्कालीन युवा पीढ़ी स्वतन्त्रता चाहती है और पुराने बुजुर्ग पारिवारिक सान्निध्य। अनिल और सुनीता दोनों खुलापन, मस्ती...जीवन

में स्पेस चाहते थे। वैसे समझदार थे...सबकी स्वतन्त्रता के हकदार...। मगर कुछ दिनों के अन्तराल में ही दोनों बुजुर्ग पूर्णतः स्वतन्त्र हो गये थे...। अनिल और सुनीता को दुःख तो हुआ था...मगर जीवन को आगे बढ़ना ही था। फिर दोनों बच्चों को मुश्किल से मिली इस अमूल्य स्वतन्त्रता के बारे में खुल कर बताना अर्थात स्वयं के भविष्य को भी खराब करना। बहुत समझाया था...दूसरी तरह से...स्वतन्त्रता की अहमियत बतायी गयी थी। मगर उनकी जिद के आगे दोनों को अन्त में झुकना पड़ा था। और समझौता करते हुए जैकी को घर लाने की इजाजत देनी पड़ी थी। वे बच्चों को मना करके, मॉडर्न पेरेंट्स कहलाने के मोह से वंचित नहीं होना चाहते थे।

कुत्तों का जीवनचक्र छोटा होता है। इंसान के मुकाबले बहुत कम। शायद इसीलिए कुत्ते छोटी उम्र में ही अपना शारीरिक विस्तार और मानसिक विकास कर लेते हैं। वे साल डेढ़ साल में ही अपना पूरा आकार ले लेते हैं। सुनीता बचपन से ही कुत्तों से डरती थी और यही कारण था जो जैकी से कुछ ज्यादा ही दूर रहती। वैसे भी उसे किसी भी पशु को घर में पालने के विचार से बहुत ज्यादा नफ़रत थी। परन्तु बच्चों के प्रेम में, उसे अपने आदर्शों को छोड़ कर, वक्त से समझौता करना पड़ा था। फिर भी उसने डर के कारण जैकी को आज तक स्पर्श नहीं किया था। हाँ, बच्चों की खातिर, उनकी खुशी के लिए, जैकी की बहुत छोटी उम्र में, उसके ऊपर हाथ रख कर फोटो ज़रूर खिंचवाई थी।...मगर इन आठ दस महीनों में, जैकी के लिए खाना बनाते हुए, मन-ही-मन में कैसे प्रेम जाग उठा, पता ही नहीं चला। सच ही कहा जाता है, साथ रहते-रहते, धीरे-धीरे अपनापन हो ही जाता है। जीवित क्या, निर्जीव घर, स्थान, सामान, शहर से भी लगाव हो जाता है। मानुषिक प्रवृत्ति है। परन्तु कुछ मानवीय रिश्तों में ऐसा कभी नहीं हो पाता। पता नहीं क्यूं? शायद.. कभी पूर्वाग्रह होते हैं, कभी ईर्ष्या, कभी पारिवारिक संबंधों की जटिलता और कभी कुछ और। हाँ, अगर मानव द्वारा निर्मित मानसिक विकार न हो तो सामान्यतः प्रेम सुनिश्चित है। और जाने-अनजाने जैकी और सुनीता के बीच एक समझ विकसित हो चुकी थी। नज़दीक से गुज़रने पर अपनी पूँछ हिलाना और थोड़ा पास आने पर कानों को पीछे कर लेना...एक मूक, मनुष्य की भाषा न बोल सकने वाले जानवर के लिए, प्रेम को प्रदर्शित करने का अद्भुत व अचूक तरीका। दूर से सुनीता को देखते ही धीमी मगर विशिष्ट आवाज को उत्पन्न करना...उसके अपनेपन के प्रदर्शन को समझा जा सकता था। खाना देने की वजह से, उसके लिए सुनीता की एक विशेष पहचान थी और उसके व्यवहार में समर्पण को महसूस किया जा सकता था।

पिछले कुछ दिनों से सुनीता भी जैकी से दूर से ही सही, बात कर लिया करती थी। फिर भी खुले हुए जैकी के साथ बगीचे में या उसके कमरे में जाने की उसने अब तक कोशिश नहीं की थी। मगर आज सुबह से ही उसकी बेरुखी ने सुनीता को भी थोड़ा बेचैन किया था। उसने बात करने की बहुत कोशिश की थी, इसके बावजूद जैकी ने उसकी ओर ध्यान ही नहीं दिया था। बहुत पुचकारने पर भी उसने अपनी पलकों को उठा कर एक नजर भर डाली थी। सुनीता ने ध्यान से देखा, उसकी आँखों में दुःख के साथ-साथ दर्द भी तैरता महसूस हुआ था।

तभी मोहल्ले के आवारा कुत्तों की आवाज़, धीरे-धीरे दूर से नजदीक आने लगी थी। प्रतिक्रिया के साथ जोरदार प्रहार करने के लिए तत्पर रहने वाला जैकी, आज शान्त था। मनुष्य की तरह ही जानवरों में भी अपनी सुरक्षा को लेकर चिन्ता एवं अपने स्थान व सामान के प्रति अनुराग होता है। किसी का अतिक्रमण उन्हें बर्दाश्त नहीं होता। असुरक्षा की भावना में बह कर ही वे अपने क्षेत्र में प्रवेश कर रहे किसी भी अनजान को देख भड़क उठते हैं, हिंसक हो जाते हैं। अक्सर गुस्से में आकर भौंकना या काटने के लिए दौड़ना, अपने अस्तित्व को बचाने का जन्मजात प्राकृतिक तरीका है। पहले आक्रमण करना सफल बचाव की सशक्त योजना का आधार होता है। इसी सिद्धान्त को अपनी युद्ध की नीति का हिस्सा बना कर, अधिकांश कुत्ते अक्षरशः पालन करते हैं। अपने घर और क्षेत्र के प्रति आसक्ति कुत्तों में इतनी अधिक होती है कि स्वजातीय अन्य जानवरों को भी प्रवेश करने की इजाज़त नहीं होती। मगर आज गली के आवारा कुत्तों ने चुनौती न मिलने पर बगीचे के कुछ अन्दर तक आने की पहल कर ली थी। लेकिन जैकी फिर भी निष्क्रिय था।

जैकी का कमरा पहले पीछे का बरामदा हुआ करता था जहाँ अनिल के मम्मी-पापा घण्टों चुपचाप बैठ कर बाहर कुछ देखते रहते थे। अपने काम में व्यस्त सुनीता इस शान्ति को कभी समझ नहीं पायी थी। जैकी के आने पर इसी बरामदे के खुले भाग को जाली से बन्द कर, कमरा बना दिया गया था। बाहरी दीवार में लगी उसी लोहे की जाली से आवारा कुत्ते अब दिखने लगे थे। प्रतिक्रिया न मिलने पर भी पुराना डर बाहरी कुत्तों को और अधिक नज़दीक आने से रोक रहा था। कुछ देर बाद ही जैकी जवाब में भौंका था। मगर आज उसमें क्रोध कम, प्यार एवं वार्ता की गंध अधिक आ रही थी। सुनीता को लगा कि वो मानो अपने साथियों से सहायता की गुहार लगा रहा है। दूसरे आवारा कुत्तों की आवाज़ पर जैकी का सुनीता की तरफ देखना, फिर अपने साथियों की ओर मुँह करके हल्के से भौंकना, यह देख वह सोचने के

लिए मजबूर हो रही थी...लगा मानो जैकी उन बाहरी कुत्तों से शिकायत कर रहा हो कि देखो इन लोगों ने मुझे किस जुल्म की सजा दे रखी है...मुझे एक छोटी-सी जगह में ज़बरदस्ती कैद करके रख छोड़ा है और स्वयं स्वतन्त्र हो कर घूमते रहते हैं। सुनीता को आभास हुआ कि शायद वो उससे भी पूछ रहा है कि आपने मुझे इस कमरे में क्यों बन्द कर रखा है, मुझे आज़ाद कर दीजिए। और सुनीता के मन में उठे भावनात्मक आवेग ने स्वयं से अचानक पूछा, किसी को बन्धक बनाने का हक उसको किसने दिया?

सुनीता बेहद व्यावहारिक थी। स्वयं की भावनाओं, विचारों एवं स्वतन्त्रता के लिए जागरूक। परन्तु आज उसकी संवेदना दूसरों के लिए क्यूँ सिर उठा रही है उसकी समझ से बाहर थी। लग रहा था कि उसकी चेतना जागृत हो कर उसे अन्दर से जला रही है। जैकी ने उसके स्थिर विश्वास को नींव से हिला कर मन में उथल-पुथल मचा दी थी। घर के अन्दर मन न लगा तो ऊपर छत पर जाकर उसने लम्बी साँस ली थी। आस-पास के मकानों एवं दूर हरे-भरे खेतों से उलझ कर, उसने ऊपर आकाश की ओर नज़र दौड़ाई कि शायद राहत मिले। खुले आसमान में उड़ते हुए पंछियो को देखा तो पाया कि कितने आजाद हैं वो, कितने स्वतन्त्र। और तभी यह विचार कौंधा कि एक पढ़ी-लिखी आधुनिक विचारधारा की होते हुए भी, उसने कैसे एक जीव को अपने घर में बन्धक बना रखा है। क्या यह गुनाह नहीं? किसी प्राणी को, बिना किसी कारण के, जंजीर में बाँधकर रखना क्या पाप नहीं? यह तो धर्म के भी विरुद्ध है। इन अचानक उभरी भावुक संवेदनाओं ने दिल को इतना झकझोर दिया कि मस्तिष्क पर जैकी का मासूम चेहरा स्पष्ट उभरने लगा। अनन्त क्षितिज की ओर ध्यान गया तो लगा कि जैकी के कमरे की दीवारों ने चारों दिशाओं को सीमित करना प्रारम्भ कर दिया है। देखते-ही-देखते जैकी के अन्दर, आँखों में छुपे हुए दर्द को उसके दिल ने पढ़ना शुरू कर दिया। जब दिल दिमाग पर हावी हो जाये तो मस्तिष्क कार्य करना बन्द कर देता है। शारीरिक और मानसिक क्रियाओं पर भावनाओं का नियन्त्रण हो जाता है। जिसके प्रवाह में बह कर उसने सुनिश्चित किया कि वह जैकी को स्वतन्त्र कर देगी। उसे बन्धक बना कर रखने का उसे कोई हक नहीं। एक निर्णय पर पहुँचते ही, मन-मस्तिष्क की उथल-पुथल शान्त हुई थी। झील की शान्ति ने गहराई नापने की कोशिश की तो अहसास हुआ कि यह प्यार है जो दिल में उतर चुका है। तो क्या वह इसीलिए इतना सोच रही थी?...शायद, चूंकि पहले तो कभी ऐसा हुआ नहीं !!

परन्तु कैसे छोड़ेगी? क्या यह सम्भव है? कल शाम घूमते हुए भी तो हर वक्त

बच्चों को चिंतित पाया था। इतना तो उन्हें दादा-दादी के लिए भी परेशान होते नहीं देखा था। वह तो उनकी कम ही चिन्ता करती थी। हाँ, अनिल कभी-कभी बीच-बीच में पूछ लिया करता था। स्वाभाविक था, बेटा जो ठहरा...। तो फिर अब ? शायद यह बच्चों का प्यार ही था, जो देर रात तक घूमने के शौकीन, कल रात जल्दी आने के लिए अपने पापा को स्वयं कह रहे थे। यह उनका जैकी के प्रति लगाव था जो रोज किसी-न-किसी तरह, उजागर होता रहता। स्कूल से लौटते समय घर जल्दी आना, शाम को दोस्तों के साथ खेलने कम जाना या जाकर जल्दी लौट आना और फिर जैकी के साथ खेलना। अपने ही हाथों से उसकी ब्रशिंग करना, उसे महीने में नियम से एक बार नहलाना, उसके लिये कुछ-न-कुछ खाने के लिए लाना। उसके दांत एवं नाखून से खेलते-खेलते शरीर पर खरोंच पड़ जाने और कई बार कपड़े फट जाने पर भी उसे कुछ न कहना। स्कूल से आकर सर्वप्रथम जैकी से बातें करना, उसे मनाना। अपनी चीजों को उसके साथ बाँटने में उन्हें आनन्द आता था। शुरू-शुरू में यह सब देख कर सुनीता को आश्चर्य होता मगर फिर बच्चों में जिम्मेदारी की भावना को देख कर प्रसन्नता भी होती थी।

किसी और को अपने खेल का सामान छूने तक न देने वाला आकाश, स्वयं उसे गेंद फेंक कर देता था। फिर खेलने में अक्सर उससे दौड़ में पिछड़ जाता। परन्तु इस हार का उस पर बुरा असर नहीं होता था। उलटे वह पहले से अधिक गति से दौड़ने की कोशिश करता। प्रतिद्वंद्वी से पराजय के बाद भी दोस्ती...बेटे के व्यक्तित्व में स्वस्थ गुणों का विकास देख कर सुनीता और अनिल ने मन ही मन में जैकी का धन्यवाद किया था। उधर, जैकी दोनों बच्चों को प्यार करने में फ़र्क रखता था। आकाश के लिए जोश तो प्रतीक्षा के लिए कोमलता। फ्रॉक के जरा-सी भी गंदी हो जाने पर चिढ़चिढ़ाने वाली प्रतीक्षा के व्यवहार में भी धीरे-धीरे परिवर्तन दिखाई देता था। कंधे तक भी अगर जैकी अपने पैर रखते हुए कपड़ों को पंजे से खराब कर दे, कोई बात नहीं। जैकी के मुँह से निकलने वाली लार के ड्रेस पर लगने से भी कभी परेशान नहीं होती थी। यही गलती अगर आकाश से हो जाये तो घर में युद्ध महाभारत की शक्ल ले लेता था। यह कैसा मानव का स्वभाव है, जो प्रकृति में और कहीं नजर नहीं आता। अगर प्यार हो जाये, तो फिर उसका सब कुछ माफ। यहाँ तक कि सामने वाले के अवगुण भी अच्छे लगने लगते हैं, वहीं दुश्मन के गुणों में भी बुराई नजर आती है। सुनीता ने आत्मविश्लेषण किया तो पाया कि घर के बाहर बगीचे में, जैकी की अफरा-तफरी से उसे भी कभी परेशानी नहीं हुई थी। ऐसा अहसास

बच्चों के अलावा किसी और के लिए, उसने पहले कभी महसूस नहीं किया था।...तो क्या प्रेम उसकी संवेदना को जगा रहा है?...बच्चों की इतनी आत्मीयता, जैकी के साथ भावनात्मक प्रगाढ़ संबंध, ऐसे में वह कैसे उसे छोड़ने का दुस्साहस कर सकती है? और वह उसको मुक्त करने के बहानों को ढूँढ़ने लगी थी।

स्कूल से आते ही प्रतीक्षा ने जैकी को बहुत मनाया तो आकाश ने खेलने की भरसक कोशिश की थी। मगर आज वो टस से मस नहीं हुआ था। बस एक बार पंजा आगे बढ़ा कर, हाथ ज़रूर मिला लिया था लेकिन उसमें भी जोश नहीं था। कहीं बच्चों के लिए उसके प्यार का प्रदर्शन मजबूरीवश तो नहीं? वैसे भी गुलाम को अपने मालिक से अच्छा व्यवहार तो करना ही पड़ता है। प्रेम के बंधन में, रूठना फिर मनाना स्वाभाविक रूप से विद्यमान होते हैं परन्तु जैकी के प्यार में आज सुनीता को कृत्रिमता का अहसास हो रहा था। बच्चों के इतना मनाने पर भी उसके न मानने पर सुनीता ने सुनिश्चित कर लिया था कि चाहे जैसे होगा, वह उसे स्वतन्त्र कर देगी।

"मैं जैकी को छोड़ना चाहती हूँ।" रात बिस्तर पर जाते ही सुनीता ने अनिल से कहा था।

"क्यों? क्या हुआ?"

"देख नहीं रहे, सुबह से खा नहीं रहा।"

"कुछ नहीं, ठीक हो जायेगा। कुत्ते इंसान से बेहतर होते हैं। जब तक भूख न हो, नहीं खाते।"

"नहीं-नहीं, रूठा है, इसीलिए नहीं खा रहा।"

"कोई बात नहीं, हमारे जैसा नहीं है कि गुस्से में भी खा लिया। क्रोध के समय पाचनशक्ति कमजोर हो जाती है।" अनिल ने मज़ाकिया लहजे में कहा था और साथ ही हाथों से, अँधेरे में कुछ टटोलने की कोशिश की थी।

"तुम्हें मज़ाक लग रहा है...!! हमें क्या हक है किसी को जेल में रखने का। अगर हमें कोई बाँध कर रखे तो कैसा लगेगा? हम भी तो स्वतन्त्र रहना चाहते हैं। और स्वतन्त्र हैं। हम, हमारे बच्चे, सभी। तुम्हें याद है, मैंने तुम्हारे मम्मी-पापा को भी हमेशा फ्री रखा। कोई बंधन नहीं।"

"मगर वह तो बंधन चाहते थे, साथ चाहते थे। अकेलापन उन्हें पसन्द कहाँ था। बच्चों की तरह बच्चों का इन्तजार ही करते रहते थे।" अनिल ने पत्नी को बाहों में समेटते हुए कहा था।

"तुम तो जानते हो जहाँ तक सम्भव होता था, हमारे साथ ही रहते थे। बस घूमने-फिरने में मुश्किल होती थी। वैसे भी क्या हर जगह उन्हें साथ ले जाना ज़रूरी था?"

"नहीं..."

"फिर पार्टियों में कोई भी बुजुर्ग नहीं होता। फिल्म देखना, होटल जाना उन्हें पसन्द नहीं था। शहर से बाहर घूमने जाते समय कार में जगह कहाँ होती थी।"

"फिर भी हम लोगों के रात देर से आने पर मुँह फुलाये बैठे मिलते थे।"

"मैंने कितनी बार तुम्हें कहा था कि उन्हें अपने आप भी घूमना-फिरना चाहिए...हमारी तरफ से कोई रोक-टोक नहीं थी। रहा सवाल जैकी का, तो यहाँ हमने बंदिश कर रखी है।"

"देखो, बच्चे नहीं मानेगें।" अनिल ने बात खत्म करने की कोशिश की थी।

"बच्चों को हम पहले से कुछ नहीं बतायेंगे। उनकी अनुपस्थिति में उसे कहीं दूर छोड़ आयेंगे। और फिर आने के बाद बता देंगे कि जैकी भाग गया।"

"मगर अब यह आम आवारा कुत्तों के साथ नहीं रह पायेगा। वो इसे जीने नहीं देंगे। इसकी जीवन पद्धति भिन्न हो चुकी है। इसके लिए बाहर स्वतन्त्र रूप से खुद के लिए खाना-पीना जुटाना आसान नहीं होगा।"

"मुझे कुछ नहीं सुनना। इन सबकी कीमत स्वतन्त्रता खोने से बहुत कम है।"

"किस स्वतन्त्रता की बात करती हो? क्या मैं तुमसे और तुम बच्चों से भावनात्मक रूप से नहीं जुड़ी हो? क्या मैं तुम लोगों को छोड़ कर जा सकता हूँ? क्या तुम्हें बंधन नहीं है?"

"यह भावनात्मक बंधन हमें खुशी देता है। फिर यह हमें शारीरिक रूप से बाँध कर तो नहीं रखता। हम उसी को कैद में रखते हैं जिसने जुल्म किया हो।"

"क्यों नहीं? क्या तुम आज चाहो तो घर या शहर छोड़कर जा सकती हो?"

"बिलकुल जा सकती हूँ। वो तो मैं जाना नहीं चाहती। अगर चाहूँ तो स्वतन्त्र हूँ।"

"इतना आसान नहीं है। क्या तुम आकाश में उड़ सकती हो? आखिर प्रकृति ने भी तो हमें अपने बंधन में बांध रखा है।" अनिल ने दार्शनिक ढंग में, मज़ाक की आखिरी कोशिश की थी।

"क्यों! आदमी ने कोशिश की और अन्त में वह सफल हुआ। आज हम उड़ सकते हैं हवाई जहाज़ से। मगर उसे तो हमने स्वयं बंधन में बांध रखा है। यहाँ तक कि उसे नम्बर वन एण्ड टू के लिए भी हम पर निर्भर रहना पड़ता है। क्या

यह अन्याय नहीं? अगर दो मिनट आपको बाथरूम न मिले तो आप जमीन-आसमान एक कर देते हो और उसे पूरा दिन इन्तजार करना पड़ता है।"

अनिल निरुत्तर हो रहा था। पूरी रात सो न सका। ठीक ही तो है, हर कार्य के लिए वह हम पर निर्भर है। घर के बाहर बगीचे में खुला छोड़ कर रखें तो दूसरे बाहरी कुत्तों की बीमारियों का खतरा, चेन से बाँध कर रखो तो प्राकृतिक दिनचर्या के लिए भी बंदिश...हाँ, संवाद स्थापित करने की कोशिश में जरूर रहता है, वो भी शायद मजबूरीवश। उस पर भी घर के अन्य सदस्यों की मेहरबानी। अनिल पूर्णतः सुनीता के तर्क से सहमत हो चुका था। सुबह-सुबह बच्चों के स्कूल जाते ही, वह कार लेकर जैकी को छोड़ने दूर निकल पड़ा। सुनीता गाड़ी चला रही थी और अनिल जैकी के साथ पीछे की सीट पर बैठा था। शहर के दूसरे छोर पर पहुँच कर, अनिल ने जैकी को कार से बाहर उतारा और चेन से मुक्त कर दिया। और फिर तुरन्त आगे बढ़ कर, ड्राइविंग सीट पर बैठने के लिए सुनीता को खिसकाया था। इसके पहले जैकी कुछ समझ पाता, उसने झट दरवाजा बन्द कर गाड़ी आगे बढ़ा दी थी। अचानक सुनीता फफक कर रो पड़ी और कुछ दूर जाने पर रहा नहीं गया तो पीछे मुड़ कर देखने लगी...जैकी पीछे-पीछे दौड़ा चला आ रहा था। बस, यह देखते ही वह गाड़ी रोकने के लिए जोर से चिल्ला पड़ी...प्रेम का बंधन, स्वतन्त्रता पर हावी हो रहा था। भावनाओं का तेज प्रवाह था कि रिश्तों की जकड़न में भी एक अनोखे आनन्द की अनुभूति होने लगी। आँसुओं से धुल कर, सुनीता की आँखों ने कार में से झाँककर ऊपर देखा, आसमान में कई पंछी साथ-साथ उड़ रहे थे।

बहते पानी का झरना

सड़क के उस पार सामने का नल एवं उसके आस-पास का क्षेत्र आज सूखा हुआ था। नलके में से पानी आना पूर्णतः बन्द हो चुका था। पीछे के पहाड़ पर झरने के निशान भर रह गये थे। रामप्रसाद का ध्यान पिछले हफ्ते ही इस ओर गया था। उसने ध्यान से जब उस दिन देखा था तो पानी रुक-रुक कर और बहुत थोड़ा-थोड़ा ही आ पा रहा था।...लगातार देखते रहने से कई बार परिवर्तन का अहसास नहीं हो पाता। अब घरों में ही देख लें बच्चे कब बड़े हो जाते हैं, अमूमन पता ही नहीं चलता और इंसान जवान से बूढ़ा तक हो जाता है। सुरेश अब चालीस के ऊपर हो रहा है। जब तक साथ रहता था, पता ही नहीं चला कि कब बड़ा हो गया, कब कालेज जाने लगा और फिर देखते-ही-देखते नौकरी भी लग गयी। हाँ, शादी के बाद से कुछ कम आ पाता है, अपने परिवार में मस्त है और व्यस्त है। अब तो सालों में ही चक्कर लगा पाता है और इसीलिए आजकल हर बार घर आने पर उसमें फ़र्क़ भी महसूस होता है। दो साल पूर्व आया था तो बाल सफेद होना शुरू हो गये थे। और क्यूँ न हो, अब तो उसके बेटे की भी मूँछे आने लगी थीं। पिछली बार आया था, ठीक ढाई बरस बाद तो परिवर्तन स्पष्ट दिखाई दे रहा था। पोते को जवानी की दहलीज पर खड़ा देख कर बेटे के बाल सफेद होने का गम कम हो गया था। समय के साथ बढ़ते रहने से समय का पता ही नहीं चलता। वैसे ठीक ही होता है अन्यथा समय से बाहर आकर, समय को गुजरता देखते रहने से भी कोई फ़ायदा नहीं। खुद का समय तो कभी रुकता नहीं, उलटे बेवजह समय के बीत जाने का गम अलग होता है। मगर साथ-साथ चलते रहने में भी परेशानी है। कब अचानक अन्तिम समय आ जाये, पता ही नहीं चलता। और जब तक कुछ समझ पाओ, पीछे मुड़कर देखने के अलावा और कोई चारा नहीं बचता और फिर देख-देख कर पछतावा होता रहता है।

चश्मे को रोज-रोज देखते रहने से, उसके झरने का पानी धीरे-धीरे कब कम हुआ, पता ही नहीं चला। वह भी तो अब सत्तर का हो रहा है। क्या पता चला? सोचो तो? कितना लम्बा सफर, मगर कहाँ बीत गया, पता नहीं। बचपन से इसी चश्मे का पानी पीता आ रहा हूँ। रोज कई बार, फिर वह क्यूँ नहीं समझ पाया?...दीपक बुझने से पहले फड़फड़ाता है। उसी तरह कल नल में अचानक बुलबुले निकले थे। दो चार बार तेजी से पानी निकला और फिर बन्द हो गया। सड़क पार कर नल तक पहुँचकर उसने पहली बार बड़ी खामोशी एवं ग़ौर से उसे देखा। इस तरह उसने पहले कभी नहीं देखा था। सदैव साथ-साथ ही रहा, हर पल का साथ। मगर अहसास ही नहीं हुआ। क्या अस्तित्वहीन होने पर ही अस्तित्व के न होने का आभास हो पाता है? नल के आस-पास का हिस्सा, पी डब्ल्यू डी एवं कस्बे की एक संस्था, जो सामाजिक कम राजनैतिक अधिक है, के सहयोग से पक्का कर दिया गया था। साफ-सुथरा सीमेंट का फर्श और चश्मे के चारों ओर मार्बल लगा कर चमकाया गया था। नल के ठीक ऊपर उसी संस्था का नाम वाला पत्थर आज उसे चिढ़ा रहा था। राजनीतिज्ञ, गांव वाले एवं सड़क से गुज़रता हर आदमी विकास के दावे करने के लिए बेताब रहता था। मगर अब तो चश्मा सूख चुका था। फिर मृत शरीर का कैसा विकास? बिना पानी के फर्श और मार्बल सूख कर, विकास की चमक को भद्दा करने में लगे थे। जब तक पानी बहता था तब तक पत्थर चमचमाते थे। तो क्या उनकी चमक का कारण पानी के बहते रहने से है? शायद...।

"दादाजी, पानी नहीं आ रहा क्या?" कब छोटी-सी लड़की पास आकर खड़ी हो गयी, रामप्रसाद को होश ही नहीं था।

"कल से ही नहीं आ रहा बेटा।" रामप्रसाद के जवाब में दुःख के साथ-साथ आत्मग्लानि झलक रही थी मानो कत्ल करने के बाद कुछ खोने का अहसास हो। लड़की, दो मोड़ आगे के तीसरे मकान से रोज दोनों वक्त आती थी। दो-तीन साल हो गये होंगे...शायद तब से, जब से पानी की कैन उठाने लायक हो गयी थी। अब दो-चार सौ मीटर दूर खड्ड में जाना होगा। वहाँ है दूसरा चश्मा, थोड़ा दूर। रामप्रसाद ने बताना चाहा था मगर ऐसा लगा कि वह पहले से ही जानती थी। बिना सुने ही आगे बढ़ चुकी थी। अब तो रामप्रसाद को भी पानी वहीं से लाना होगा।...हारा हुआ महसूस कर रहा था। बड़ा आत्मविश्वास था उसे अपने चश्मे पर। उसके अपने...पानी के झरने का जीवन समाप्त कैसे हुआ? उसे यकीन नहीं हो पा रहा था। जब से होश सँभाला, पहाड़ से फूट कर निकल रहे पानी को पी-पी कर बड़ा हुआ था। इसी को देख देख कर जीवन में वह यहाँ तक पहुँचा था। तो

क्या उसने इसकी हत्या की है? नहीं-नहीं। पहाड़ पर तो चश्मे-झरने सूखते रहते हैं। वह अकेला कसूरवार नहीं। मगर यह तो उसका अपना झरना है। माँ ने उसे बताया था...'जब शादी होकर आयी थी, तो लोगों ने इसके मीठे पानी की चर्चा पहले दिन ही कर दी थी। पहले ऐसे झरने हर घर के पास होते थे। या यूँ कहो हर झरने के पास घर होता था। मगर धीरे-धीरे आस-पास के सभी एक-एक करके सूखने लगे, तो सभी इसी झरने से पानी ले जाते थे। माँ ने कहा था, 'यह हमारी पहचान है।' सच था, हम इसके नाम से जाने जाते थे। मगर अब...? आज पहली बार उसने ध्यानपूर्वक नल को देखा...सारी पुरानी बातें...धीरे-धीरे उसके विकासक्रम की कहानी...सब कुछ उसे याद आने लगा था। विकास...। झरने को...पक्का किया गया था। अच्छे पत्थरों से पक्का किया गया था। मगर आज उस पर पानी के निशान कुछ और ही कहानी कह रहे थे। नीचे भी, पक्के फर्श पर पानी ने मिट्टी के साथ मिलकर अपने पदचिह्न छोड़ रखे थे। अब तो कई वर्ष हो गए...लोहे का डेढ़ इंच का नल भी लगा दिया गया था। साफ-सुथरा विकास...रास्ते पर आते-जाते हर यात्री और ड्राइवरों के लिए पीने से ले कर गाड़ी धोने तक...। माधो ने समझाया था इसी बहाने लोग यहाँ रुका करेंगे। दुकान भी चलेगी। रुकते थे लोग। प्रसिद्ध हो गया था यह स्थान। स्थानीय ट्रक-बस-टैक्सी चलाने वाले ड्राइवरों के बीच कुछ अधिक। बहुत साफ और शुद्ध चश्मे का पानी है। पानी की बोतल से कहीं अधिक मीठा और ताजा, ऐसा रामप्रसाद मानता था। इस वास्तविक सत्य को कम पढ़े-लिखे जल्दी स्वीकार कर लेते थे।

प्राकृतिक झरने के पानी को बन्द नहीं कर सकते, वो तो लगातार चलता रहता है, निरंतर। एक स्थान पर रोकने से पहाड़ में कहीं और से फूट पड़ता। पानी अन्दर रखना पहाड़ के बस में नहीं। पानी का बहना ही तो जीवन है। खड़ा पानी तो सड़ने लगता है, काई भी हो जाती है...फिर बन्द बोतल का पानी!!! रोड बनते समय बहुत तंग किया था इस चश्मे ने। रुकता ही नहीं था। सुपरिंटेण्डेन्ट इन्जीनियर पहाड़ी था, समझदार और अनुभवी। फिर रामप्रसाद के कहने पर वहाँ पक्का कर दिया गया था। सभी रोड बनाने वाले मज़दूरों के लिए भी उपयोग में आने लगा था, शक्ति-स्फूर्ति से भरा हुआ। रोड से विकास होगा, ऐसा माधो का कहना था। मगर विकास करने वाले मज़दूरों का पेट खाली हो तो यह कैसा विकास? 'झरने का पानी पीकर ताकत पायी जा सकती है।' रोड पर काम करने वाले मजूदरों से अक्सर रामप्रसाद कहा करता था।

जब भी कोई यात्री-राहगीर उसकी दुकान में रुक कर पानी की बोतल के बारे

में पूछता, वह बड़े गर्व से सामने के चश्मे की ओर इशारा कर देता था। उसने मिनरल वाटर की बोतलें तक रखने से मना किया हुआ था। अक्सर बड़ी-बड़ी कार के काले शीशों के पीछे बैठी मेमों को आश्चर्य होता था और वे आगे की दुकान में पानी की बोतल लेने चली जाया करती थीं। उसे थोड़ा अचरज ज़रूर होता था। उसने सुन रखा था, देखा भी था, दो मोड़ छोड़ कर नये दुकान वाले को, इसी झरने का पानी बोतलों में भरते हुए। अपनी बहू को भी वह इसी चश्मे का पानी पीने के लिए बार-बार कहता, पूरे अधिकार से, मगर पढ़ी-लिखी बहू अन्त तक इसकी मिठास को स्वीकार करने के लिए तैयार नहीं हुई। अक्सर पानी उबालकर ही पीती थी। दुर्गेश्वरी इस मामले में ज्यादा समझदार थी। दो दिन के लिए आयी बहू पर बेवजह क्यूँ अपनी बात थोपना? पहले से ही पानी उबाल कर रख देती थी। रामप्रसाद ने एक बार इसे पी कर देखा तो उसे पानी के जलने की दुर्गंध आयी थी। मिठास तो बिल्कुल खत्म थी। मगर पत्नी के कहने पर चुप ही रहा था। अब न झरना बचा और न मीठा पानी...घर में बहू-बच्चों को समझाने की आवश्यकता ही खत्म। माधो भी शायद अब खुश हो जाये। उसके विकासक्रम में झरना एक रोड़े के समान था। उसे चतुर कहें या अधिक समझदार। पीता पानी झरने का ही था मगर तरफदारी विकास की करता था...ग्राहकों को पानी की बोतल बेचने में तत्पर रहता। रोड बनने की बात सुन कर सबसे ज्यादा खुशी भी उसे ही हुई थी। भागा-भागा आया था। आज रामप्रसाद को उस दिन की माधो की बातें याद आ रही थीं। बिल्कुल साफ-साफ...

"रामप्रसाद जी सुबह-सुबह खुशी की खबर लाया हूँ।"

"क्या हुआ? बड़े खुश नज़र आ रहे हो।" रामप्रसाद घर से निकल कर सामने के बागीचे में पहुँच गये थे।

"पहले तो भाभी के हाथ की चाय पीऊँगा, फिर बताऊँगा।"

"क्यूँ नहीं, अभी लायी भाईसाहब।"

रामप्रसाद जी की धर्मपत्नी सम्पूर्ण नारी थी। नाम तो दुर्गेश्वरी था, पर थी सीता के अवतार में। कभी भी पति से झगड़ा किया हो, याद नहीं आता। कभी कोई बेवजह शिकायत नहीं की थी। घर में लक्ष्मी का वास न हो तो भी उसकी दृष्टि बनी रहे, यही क्या कम है। मास्टरी में पैसे तो कम ही मिलते थे, पर दुर्गेश्वरी के हाथों में बरकत थी। कभी रामप्रसाद को महसूस ही नहीं होने दिया। ऊपर से लेखन में उन्हें सदैव उत्साहित किया। थीं तो अँगूठाछाप पर मानसिक रूप से परिपक्व।

"क्या हुआ? कुछ बताओगे भी?" रामप्रसाद की उत्सुकता बढ़ रही थी।

"आपको याद है, मैंने पिछले महीने अपने घर के पास से ही रोड बनने की बात की थी। वह अपना कैलाश है न... दुर्गा मंदिर वाले शर्मा जी का लड़का। माल रोड पर मिला था। बड़ी इज़्ज़त करता है। कहने लगा, रोड सैंक्शन हो गयी है। केन्द्र से पैसा अलॉट हो गया है। पहले लोगों से सरकार ज़मीनें खरीदेगी, फिर उसमें से रोड निकालेगी।"

"फिर क्या हुआ?"

"मास्टर जी समझो। हम लोगों को जमीन के अच्छे-खासे पैसे मिलेंगे। लोगों को आने-जाने में सहूलियत हो जायेगी। यहाँ पर ज़मीनों की कीमत बढ़ जायेगी। चाहो तो सड़क पर दुकान भी लगा सकते हो। "

"मगर एक रोड तो है बड़ोग से, दूसरी की क्या आवश्यकता?"

"क्यूँ? बड़ोग में बर्फ नहीं गिरती है? और ऊँचाई पर भी है। सो सरकार ने नया रास्ता निकाला है।"

"मगर सालों से बर्फ कहाँ गिरी!! फिर इतने वर्षों से उस सड़क पर कभी कोई परेशानी देखी तो नहीं।"

"आप भी हद करते हो। विकास है। सैकड़ों गाड़ियाँ बढ़ गयी हैं। लोगों का आना-जाना ज्यादा शुरू हो गया है। बसों की संख्या बढ़ गयी है। एक सड़क और चाहिए। फिर इस क्षेत्र का भी विकास हो जायेगा।"

माधों के लिए चाय लेकर आयी दुर्गेश्वरी ने पति को भी दी थी। चाय का शौकीन था रामप्रसाद। साथ ही कुछ देर के लिए बैठ गयी थी।

"कैसी है छोटी बहू?"

"मज़े में है। पास ही शादी करने से बड़े फायदे हैं भाभी। मायके भी आती-जाती रहती है। बेटा भी ससुराल बीच-बीच में हो आता है।"

"कोई खुशखबरी नहीं दे रहे?"

"क्यूँ नहीं! अबकी बरसात में देंगे।"

"यह तो आपने बड़ी खुशी की बात सुनायी। मनीष कैसा है?"

"बहुत खुश है। दुकान पर बैठने लगा है। हम तो अब फ्री हैं। बूढ़ा-बुढ़िया के लिए और क्या चाहिए, दो वक्त की रोटी और बेटों का परिवार साथ में, बेटियाँ अपने घर में खुश हैं।...हाँ, तो मैं बता रहा था कि बड़ा लड़का कह रहा है कि सड़क बन जायेगी तो घर की एक मंजिल और ऊपर बना देने से सड़क पर दुकान निकल आयेगी। उस पर मैं और उसकी माँ बैठ जाया करेंगे। दो पैसे भी मिल जायेंगे और समय भी अच्छा कट जायेगा। घर का घर, दुकान की दुकान। सड़क बन जाने

से बड़े फायदे होंगे...। और हाँ, नक्शे के हिसाब से रोड आपके घर के ऊपर से भी निकलेगी। आप भी एक दुकान ऊपर की मंजिल पर निकाल लेना। सड़क से सीधे दुकान और फिर नीचे घर। है न खुशखबरी?"

माधो के चेहरे पर सन्तुष्टि और प्रसन्नता आँखों से उतर कर चेहरे पर फैल चुकी थी।

उसके कुछ दिनों बाद से आज तक, पिछले डेढ़-दो वर्षों में, पहले सड़क के काम फिर उस पर भागती गाड़ियों की आवाज ने उससे अच्छी कीमत वसूल की थी। अपनी बेशकीमती शान्ति को खो कर।...रामप्रसाद ने पुरानी बातों को याद कर सामने दूर घाटियों में झाँका। पहाड़ों पर दूर तक दिखने से प्रकृति की खूबसूरती का नज़ारा ही कुछ और होता है। ऊपर से चारों ओर शान्ति। मगर विकास के नाम पर अब इसका धीरे-धीरे सत्यानाश हो रहा था।...माना, आने-जाने के लिए पहले रास्ते कम थे। फिर रास्ते न हों तो क्या? थोड़ा पैदल ही तो चलना पड़ता था। सेहत भी ठीक रहती थी।...सामान लाने-ले जाने में कैसी दिक्कत? हाँ, बड़ा सामान हो तो कुली या खान की मदद ली जाती रही थी। वो आज भी ली जा रही है। तो क्या आवश्यकता को बढ़ाना और फिर पूरा करना ही विकास है?...हाँ, बहू को पहाड़ पर चढ़ने-उतरने में ज़रूर दिक्कत होती थी। नीचे मैदान की रहने वाली है। बेटा तो यहीं रहा है अतः उसे तो कोई परेशानी नहीं, मगर बहू की नौकरी में छुट्टियाँ भी कम ही मिलती हैं और दूसरे बहुत-से काम। बेचारे कम ही आ पाते हैं। पोता-पोती तो आने के लिए तैयार रहते हैं। उन्हें शायद अच्छा लगता है। परन्तु उनकी भी परीक्षा, कुछ-न-कुछ लगा ही रहता है।...दूसरी ओर बेटी भी कम आ पाती है उसे भी तो अपने बच्चों की छुट्टियों में अपने ससुराल जाना रहता है।

फिर वही कश्मकश। जीवन की जद्दोजहद में उलझ रहा रामप्रसाद, अपने सम्पूर्ण जीवन के साक्षी, झरने के सूखने पर उदास था। वापस दुकान पर आ कर बैठने में भी दिल नहीं लग रहा था। कुछ खोने का गम सता रहा था। समय अपनी रफ़्तार से बढ़ रहा था और जो अब तक स्थायी महसूस होता था, पीछे छूट रहा था। पहले माँ-पिता, फिर बच्चों का बचपन, और फिर नौकरी, अब ये...

घर का सारा काम खत्म करके, दुकान पर ऊपर आते ही रामप्रसाद की उदासी देख दुर्गेश्वरी बोल पड़ी,

"क्या सोच रहे हो ? बड़े परेशान लग रहे हो।"

"कुछ नहीं।"

आवाज में भी उदासी झलक रही थी। दुर्गेश्वरी कैसे छोड़ देती। अनपढ़ होते

हुये भी समझदार थी

"क्यूँ, सुरेश याद आ रहा है?"

"नहीं, नहीं।"

"ख़त आया तो है। आ रहा है अगले महीने।"

'सिर्फ चार दिन के लिए', राम प्रसाद को यह पढ़ कर बड़ी तकलीफ हुई थी। वह पत्र पहले ही देख चुका था। मगर दुर्गेश्वरी तो अक्सर कहा करती थी, 'रोड बन जायेगी तो बच्चों के आने-जाने में सहूलियत हो जायेगी।'

परन्तु ऐसा हुआ कहाँ था। उलटे अब की बार रात में ही निकल जाने की योजना बेटे ने बनायी थी। पहले तो रोड न होने से, अँधेरे में जाना मुश्किल होता था। इसी बहाने वह एक रात अतिरिक्त रुकता तो था। रोड के बनते ही घर के सामने से रात भर गाड़ियाँ चलती रहती थीं। उसने एक बार फिर याद किया तो पाया, माधो भी अब कम ही आता था। पूछने पर कहता था कि दुकान छोड़ कर आना सम्भव नहीं। दोनों बूढ़ा-बुढ़िया पोता-पोती के साथ वहीं दुकान पर ही बैठे रहते थे। ग्राहक आया तो ठीक अन्यथा टीवी देखते रहते थे। पर उसे तो यह सब पसन्द नहीं था। फिर वह भी अकेला कब तक दुकान पर बैठा रहे, दुर्गेश्वरी घर के काम में ही व्यस्त रहती थी। गाड़ियों की आवाजाही एवं आवाज से उसके विचारों की निरन्तरता पर भी असर हुआ था। लेखन प्रभावित हुआ था। शान्ति भंग हुई थी। कुछ चंद रुपये जरूर आने लगे थे जिनकी आवश्यकता पर सन्देह था। ऊपर से इन रुपयों की कीमत बहुत भारी अदा करनी पड़ती थी। रात में चलती गाड़ियों के टायरों एवं हॉर्न की आवाज़ों ने फिर कभी उसे चैन से सोने भी नहीं दिया था। यह कैसा विकास?

"दादा जी! क्या पानी की बोतल मिलेगी?"

सुन्दर नौजवान कार से उतर कर रामप्रसाद से पूछ रहा था।

कार में नई नवेली-सुन्दर-सजीली लड़की देख कर कहा जा सकता था, हनीमून मनाने नवविवाहित जोड़ा शिमला जा रहा है।

"यहाँ से पाँच सौ मीटर दूर जाने पर बायें हाथ पर एक नलका है। वहाँ का पानी मीठा, शुद्ध तथा ठण्डा है। बेटा, वहीं अपनी बोतल भर लेना।"

यह सुनते ही दुर्गेश्वरी की निगाह सामने झरने की ओर गयी थी। अब वह पति के चेहरे पर बढ़ते दर्द को पूर्णतः समझ चुकी थी। और उसकी आँखों में भी पहली बार उदासी ने प्रवेश किया था।

बिना टिकट

"रघु..."

बचपन का नाम सुनते ही मेरा तुरन्त पीछे मुड़ कर देखना स्वाभाविक था। अब तो राघव भी कोई नहीं बोलता, मि. राघवेंद्र या मि. सिंह ही बोला जाता है। दिल्ली के निज़ामुद्दीन स्टेशन पर भीड़ अभी कम थी और मेरी दृष्टि अपना नाम पुकारने वाले को आसानी से ढूँढ़ सकती थी।

"कौन? सुनील!" ज्यादा फ़र्क़ उसमें भी नहीं आया था। नौवी कक्षा तक आते-आते चेहरा व शरीर अपना पूरा आकार तकरीबन ले ही लेते हैं। और तभी हम बिछुड़े थे। हाँ, आज उसकी जीन्स की पैण्ट घुटने के नीचे से कुछ ज्यादा फटी हुई थी। नहीं, शायद फाड़ दी गयी थी, पता नहीं। ऊपर मामूली-सी टी-शर्ट और कंधे के पीछे लटका बड़ा-सा, मगर पुराना बैग। इसे झोला भी कहा जा सकता था। उसका रंग गोरा न होता तो हिन्दुस्तान में उसे भीख माँगने वाला घोषित कर दिया जाता। मेरा कौतूहल व खोजती निगाहें रुक-रुक कर सरकते हुए और नीचे पहुँची तो देखा कि उसकी चप्पलें अपने जीवन की अन्तिम साँसें गिन रही थीं। उसकी ऐसी हालत देख मेरी आँखों में चमक उभरी थी। और क्यूँ न उभरती, मेरे कपड़े जो बेहतर थे।

"कहाँ जा रहा है?" उसने नजदीक आ कर पूछा था।

"मैं? भोपाल जा रहा हूँ।...और तू?"

"वैसे तो गोवा जा रहा था, पर चल, तेरे साथ भोपाल चलता हूँ। कुछ दिन तेरे पास रुक कर फिर वहीं से चला जाऊँगा। रास्ते में ही तो है। फिर बहुत दिनों बाद मिले हैं, कुछ बातचीत और मस्ती भी हो जाएगी।"

और अगले ही पल वो बिना किसी इजाज़त के मेरे साथ ट्रेन की बोगी में था। 'अजीब आदमी है...' सोच कर हैरानी हुई थी। मगर फिर लगा कि बचपन

के घनिष्ठ मित्र ऐसा ही करते हैं। और फिर उसका साथ अचानक अच्छा लगने लगा था और मैं खुश था। '...लेकिन कहाँ अब मैं दोस्तों के लिए घण्टे भी नहीं निकाल पाता हूँ और इसने तो दिनों में बात कह दी'...सोच-सोच कर आश्चर्य हो रहा था। मगर ट्रेन के प्लेटफार्म छोड़ते ही उसको जानने की जिज्ञासा, फिर एक-दो सवाल और उस ओर से जवाब। दूसरी तरफ से कोई खास पूछताछ नहीं की जा रही थी फिर भी प्रवाह में सब कुछ भूल कर मैं कुछ ही देर में अपनी ऊँची-ऊँची सुनाने लगा तो देखा वो धीरे-धीरे मेरी बर्थ पर पसर चुका था। कंडक्टर नहीं आता तो शायद मैं बोलता ही रहता। इस दौरान मैंने तो पूछा भी नहीं था कि उसकी टिकट का क्या होगा। मेरे दिमाग में यह सवाल आता भी कैसे, और फिर उसने इसका जिक्र भी तो नहीं किया था। कंडक्टर को देख कर भी उसके चेहरे पर कोई शिकन न थी। चेहरे से निर्भय, तनावमुक्त मानो उसने कुछ किया ही न हो। मैं अपनी टिकट दिखा चुका था परन्तु कंडक्टर के उसकी टिकट के लिए खड़े रहने से मुझे परेशानी होने लगी थी। दूसरी बार उससे टिकट पूछे जाने पर उसने बेझिझक होकर एक नजर मेरी ओर डाली थी। और अन्त में उसकी टिकट मुझे ही लेनी पड़ी थी, पैनल्टी के साथ। और साथ थी टीटी की उलाहना भरी नज़र, जिसके पास उसे गलत साबित करने का पूरा प्रमाण था। मगर उसके चेहरे पर कोई शरम न थी जबकि मैं पानी-पानी हो रहा था। टी.टी. के जाने के बाद ही, मैं लम्बी सांस ले पाया था, मानो मैंने ही कोई चोरी की हो।...एक मिनट के लिए झुंझलाहट हुई थी। ये कोई बात हुई! खैर, 'बचपन के दोस्त आपस में ऐसा ही अधिकार दिखाते हैं' यही सोच कर मैंने खिड़की से बाहर झांका तो वहाँ अँधेरा हो चुका था। कुछ देर बाद मैं फिर सामान्य क्या हुआ कि अचानक मन में भाव उमड़े थे कि 'कम-से-कम धन्यवाद तो कहना था।' और मैं उसे इस बात का अहसास दिलाने जैसे ही अन्दर मुड़ा तो देखा कि वो झोले में से एक अंग्रेजी नॉवल निकाल कर पढ़ने में मस्त हो चुका था। यह उसकी बचपन की आदत है। देखते ही पुरानी यादें ताजा हुई थीं। यह तो बिल्कुल भी नहीं बदला। और मैं? शायद, मैं भी नहीं। आदमी का मूल स्वभाव कहाँ बदलता है। और मैं अचानक उससे जुड़ी पुरानी यादों में खोने लगा था। वैसे मैं इतना जरूर जानता था कि उसने होटल मैनेजमेंट का कोर्स किया था। उसके डैडी के स्थानान्तरण के बाद हम स्कूल से अलग-अलग क्या हुए, मुझे अपने पापा से उसके बारे में जानकारी मिलती रहती थी। हमारे दोनों के पिता एक ही विभाग में जो थे। इधर मैंने इंजीनियरिंग कालेज में दाखिला क्या लिया मेरी प्रतिष्ठा समाज में स्थापित होने लगी थी। और

उन दिनों में एक बार फिर, मैं सुनील से अपने आपको ऊपर रखवाने में सफल हुआ था। कॉलोनी में भी मम्मी-पापा की पूछ ज्यादा रहती, जब मेरा नाम बेहतर ढंग से लिया जाता। और यह सिलसिला कुछ सालों तक तब तक चलता रहा जब तक उसकी खबर मिलती रही। शायद फाइनल ईयर में पता चला था कि वो दिल्ली के किसी फाइव स्टार होटल में नौकरी करने लगा है। '...हुँह, बेयरे की नौकरी ही तो है फिर चाहे बड़े होटल में क्यूँ न सही।' कभी माँ तो कभी पड़ोस की आंटी बोल ही देती थीं। और सुन कर मैं भी मन-ही-मन खुश होता था। वो आखिरी खबर थी, उसके बाद उसकी कोई जानकारी नहीं थी।

"खाने का क्या है?" उसने बेझिझक होकर पूछा था। उसकी आवाज ने मुझे भूतकाल से बाहर निकाला था।

"ऑर्डर दे दिया है। आगरा में सर्व होगा। आगरा शायद नौ बजे आता है। अभी लगता है टाइम लगेगा।" मैंने एक बार फिर खिड़की से बाहर देखते हुए कहा था। ताजमहल के शहर की लाइटें अभी दूर थीं। और मेरी निगाह घड़ी पर फिर वापस पहुँची थी।

"दारू चलेगी?" कहते हुए उसने अपने उसी बैग से शराब की छोटी-सी बोतल निकाली थी। प्लास्टिक के दो गिलास उसने स्टेशन पर चाय वाले से जब माँगे तो मैं कुछ समझा न था। अब वही काम में लिये जा रहे थे।

"नहीं-नहीं।...वैसे कभी-कभी लेता तो हूँ, मगर..." देसी देख कर मेरे चेहरे पर आड़ी-तेड़ी कुछ रेखाएँ उभरी थीं।

"अरे यार, देसी मस्त होती है, ऊपर से सस्ती भी पड़ती है। फिर स्टेशन के बाहर यही मिल रही थी।" शायद उसने मुझे पढ़ लिया था।

मैं पीने तो लगा था लेकिन देसी नाम से भी परहेज था। तभी तो उसे देख हैरानी हो रही थी '...तो यही इसका स्टैंण्डर्ड है।' और फिर मैं जब स्वयं को रोक न सका तो धीरे-से बोल ही पड़ा,

"कोई बात नहीं, तुम लो। मैं सिर्फ अंग्रेजी लेता हूँ।"

"अच्छा..." उसने मुस्कुराते हुए आँखों से मेरे बड़प्पन को स्वीकारा था। अगले घूंट के साथ उसने एक निगाह सामने की बर्थ वाले व्यक्ति पर डाली थी और फिर बिना किसी परवाह के एक बार फिर गिलास भर कर बगल में रखा और नॉवल खोल कर पढ़ने लगा था। तभी सामने वाले की निगाह मुझसे टकराई तो मैं झेंप गया था। दारू गिलास में से कहीं छलक न जाए, सामने वाला यात्री कहीं कुछ टोके

न, मुझे ज्यादा चिन्ता हो रही थी। और फिर हमें देसी पीता देख पता नहीं दूसरे क्या सोचते होंगे। मगर वो बेपरवाह था। और फिर आगरा में खा-पी कर वो तुरन्त सो गया था। हाँ, लेटने पर उसने इतना जरूर कहा था, "कोई दिक्कत तो नहीं...?" और मैंने अपना सिर हिलाते हुए मना किया था।

सुबह भोपाल पहुँचकर मैं उसके साथ फ्लैट में पहुँचा तो मेरा चेहरा कमरे की तरह सिकुड़ रहा था। जिन लोगों के सामने अपने आपको छिपाना है उन्हें घर कभी नहीं लाता था। उसने घर के अन्दर पहुँचते ही चारों ओर नज़र डाली तो लगा कि आज मेरा अभिमान इसके सामने टूट जाएगा। मगर उसने तुरन्त अपनी प्रसन्नता प्रकट की तो एक मिनट के लिए आश्चर्य हुआ था। और क्यूँ न होता? एक कमरे का फ्लैट अन्दर से अव्यवस्थित और गन्दा जो था। साफ-सफाई कौन करता, प्राइवेट नौकरी में अक्सर घर आते-आते देर रात हो जाती और फिर बीवी...शादी का इन्तजाम भी अभी तक नहीं हुआ था। कैसे होता, छोटी-सी नौकरी में इंजीनियरिंग कालेज की सारी हवा निकल रही थी तो शादी की हवा कैसे बन पाती। शादी के पहले कुछ पैसा इकट्ठा हो जाए, इस चक्कर में जवानी बेकार जा रही थी और मैं अक्सर रात में हिंदुस्तानी इंग्लिश शराब के दो पैग लगा कर अपनी भड़ास निकाल लिया करता था। '...तो क्या हुआ, इंजीनियर तो हूँ, इससे बेहतर ही है। तभी तो इसे ये भी अच्छा लग रहा है और क्या...।' और मैं तुरन्त घर में बिखरे सामान को समेटने की कोशिश में लगा तो उसने किचन में घुस कर तांक-झांक कर चाय बना डाली थी।

"दूध तो होगा नहीं..." मैंने सफाई दी थी।

"कोई बात नहीं, ब्लैक-टी ज्यादा अच्छी होती है।" और वो चाय की चुस्कियाँ ले रहा था।

बचपन का दोस्त आया है तो जवानी के कुछ दोस्त भी इकट्ठा हुए थे। और देर शाम दारू की महफिल जमीन पर ही जम गयी थी। लड़के ज्यादा और कुर्सियाँ कम थीं। बड़े गर्व से मैंने नयी बोतल सुनील के हाथ में पकड़ायी तो उसने खुशी-खुशी उसको दोनों हाथों से समेटा था।

"अरे यार, वही ब्राँड...आज तो कोई अच्छी मंगवाता। ये तो अंग्रेजी के नाम पर विदेशी ठर्रा है..." एक मुँहफट दोस्त बोल पड़ा था।

"क्यूँ! अच्छा ब्राँड तो है। इससे किक जल्दी मिलती है।" बोलते हुए सुनील ने बोतल का ढक्कन बड़ी सलीके से खोला था।

"खाने में क्या है...? अच्छा! आज तो नमकीन के साथ अण्डे भी हैं...क्या बात है..." एक बार फिर उसी दोस्त द्वारा बोला गया था। नौकरी के दोस्तों और बचपन की दोस्ती में यही फ़र्क होता है...। तभी तो प्याज के साथ पीने वाला, अण्डा देख कर भी टोंट मार रहा है। और कहाँ सुनील ! फाइव स्टार होटल वाला होकर भी कुछ नहीं बोल रहा। पहली बार मुझे सुनील में अच्छाई दिखी थी। और मैंने भी उसकी बड़ाई कर दी थी। क्यूँ न करता, दोस्त की बड़ाई में खुद की भी तो बड़ाई है।

"अरे इसके लिए यह क्या है। फाइव स्टार में तो एक से एक नाँनवेज डिश मिलती है...क्यूँ सुनील?" सुन कर स्थानीय दोस्तों ने उसे आश्चर्य से देखा मगर वो सिर्फ मुस्कुराया था। और उसने पैग बनाने के लिए बोतल को गिलास में डालना शुरू किया तो शराब उड़ेलने के अन्दाज़ में विशेषता थी। साफ़ जाहिर हो रहा था कि उसे बार में काम करने का एक लम्बा अनुभव है।

"क्या बात है...फाइव स्टार की तो बात ही कुछ और है।" एक बार फिर उसी लम्पट दोस्त ने छेड़ा था। सुनील की बात सुन कर अबकी बार उसकी आँखों से लार टपक रही थी। ऐसा ही है। लालची कहीं का।

"ऐसी कोई बात नहीं यार..." सुनील ने टरकाया था।

"ऐसे कैसे नहीं। एक-से-एक सुन्दर लड़कियाँ देखी होंगी।" दूसरे दोस्त ने भी हिस्सा लिया था।

"सब एक-सी होती हैं। कई होटलों में काम कर चुका हूँ।...इटालियन, रशियन, आयरिश, अफ्रीकन, अमेरिकन...तुम समझ लो कि कई देश की लड़कियों का अनुभव है..." सुनील ने मानो सबकी नस पकड़ ली थी।

"अच्छा?" दोस्तों के लिए यह एक दिलचस्प और सबसे प्रिय विषय था। शराब भी कमाल की चीज है। अन्दर जाते ही शरीर में आग लगा देती है। फिर क्या, हर कोई पहलवान और फिर सबको चाहिए सपनों की राजकुमारी। और उसकी ड्रेस को देख कर मुँह बनाने वाले अब उससे चिपकने लगे थे। एक की अभी पूरी चढ़ी भी नहीं थी कि उसने तो कह भी दिया "...हमसे साली एक तो पटती नहीं और तेरे से..."

"कहीं फेंक तो नहीं रहा..." उसी लम्पट ने ताना मारा तो मैंने अबकी बार उसे घूरा था।

"अब यहाँ पर आकर होटलों में कई-कई दिन अकेले रहती हैं तो किसी-किसी

के साथ, कभी-कभी मौका मिल ही जाता है। फिर हमने कौन साथ-साथ ज़िंदगी बितानी है...ये तो समय की माँग है। और फिर उस सोसायटी में शायद ये सब गलत भी नहीं..."

गरमागरम बातों का असर था जो दूसरी रात दोस्तों ने शहर के छोटे-से होटल में उसे पार्टी दी थी। उम्मीद थी कुछ और विस्तार में सुनाएगा। मगर वहाँ भी सुनील चैन से बैठ नहीं पाया था। बेयरे के हाथ से गिलास की ट्रे लेकर खुद ही पैग बनाने लगा। साथ थी वही उन्मुक्त हँसी...बचपन की तरह...। शुरू से उसका दिमाग चंचल था, अत्यधिक होशियार। कुछ लोग उसे सनकी भी कहते थे। मैं उससे अक्सर एक-दो नम्बरों से बाजी मार लेता और वो क्लास में हमेशा दूसरे पायदान पर ही रह जाता था। मगर उसे इस बात का कभी मलाल न होता और परीक्षा से पहले किसी मैग्जीन को पलटने में उसे कोई भी हिचकिचाहट नहीं होती थी। उसके चेहरे पर शान्ति रहती थी और मैं टेन्स कि कहीं मेरा फर्स्ट रेंक न छिन जाए। तो क्या हुआ, आखिरकार मैं आगे रहता भी तो था। 'शीर्ष पर पहुँचने के लिए तपस्या करनी होती है', माँ की इस बात से मुझे फख्र होता। वही आदत अभी तक बनी हुई है। पहले इंजीनियरिंग की पढ़ाई की चिन्ता, फिर नौकरी फिर अब एक छोकरी...। 'साला कहाँ मैं अब तक एक के लिए परेशान हूँ और कहाँ ये इतनी मौज कर चुका है। उँह, ऐसी ही होगी बेकार, बाजारू, नहीं तो...।' और मैंने अपनी भावनाओं को सँभाला था। लेकिन देर रात घर वापस आया तो बिस्तर पर लेटते ही कई एक ने सपनों में आकर तंग करना शुरू कर दिया था। तभी उसकी आवाज बगल के बिस्तर से आयी थी।

"अंकल-आण्टी कैसे हैं?"

"ठीक हैं..." मैंने दूसरी तरफ करवट लेते हुए जवाब दिया था। चूंकि ख्वाबों से निकलना नहीं चाहता था।

"मुझे उनके हाथ के परांठे आज भी याद हैं...। और तूने शादी नहीं की?"

"हाँ,...माँ ने देख तो रखी है...बस मुझे ही छुट्टी नहीं मिल रही।"

"छुट्टी! ये क्या बात हुई...? ऐसी नौकरी को तो लात मारते हैं यार..." उसने भरपूर छेड़ने की कोशिश की थी। सुन कर मैं मुस्कुराया तो था मगर मन-ही-मन कहने लगा, 'ये नौकरी तो बड़ी मुश्किल से मिली है वो भी गयी तो क्या खाऊँगा।'

उसे भोपाल आये तीन दिन बीत चुके थे। बस इतना पता चला था कि उसके मम्मी-पापा रिटायरमेंट के बाद पंजाब जा बसे हैं। और उसने और अधिक उनके बारे में बताने में कोई उत्सुकता नहीं दिखाई थी। हाँ, चौथे दिन जब उसने सुबह-सुबह

अचानक तीन सौ रुपए की माँग कर डाली तो मैं सुन कर सन्न रह गया था।

"...यार दो सौ पचहत्तर रुपए की गोवा की टिकट है और पच्चीस रुपए में वहाँ पहुँचकर कुछ मूंगफली खरीदूँगा।"

"...वो क्यूँ?"

"बस यार, गोवा में कुछ दिन रहने का मन है। इस बार खाने-कमाने के लिए समुद्र किनारे मूंगफली बेचने की सोची है। आसान काम है बाकी कामों से, मैं बोर हो चुका हूँ...देख ले, हैं तो दे दे, नहीं तो कोई बात नहीं।" वह एक बार फिर एकदम सपाट था। और मैं, अपने आप से उलझ रहा था। महीने का आखिर था। जेब में सौ-सौ के आखिरी तीन-चार नोट बचे थे। शायद इसमें मेरा बड़प्पन झलकता या पता नहीं क्या, और मैं यन्त्रवत् उसे पैसे देने लगा था। हाँ, इस बार थोड़ी चिन्ता ज्यादा हुई थी।

देर शाम, वो निकल चुका था, बिना कुछ कहे। कोई थैंक्स नहीं। बस सीधा सरल। मिले तो ठीक, न मिले तो ठीक। उसके जाते ही सोचा तो पहले पहल लगा कि पागल है। '...देखो तो, शरम भी नहीं आयी पैसे माँगने में। वापस करने का ज़िक्र भी नहीं किया। पता नहीं कैसा है...।' रात को बिस्तर पर लेटा तो करवट बदलते ही लगा कि कोई आज मुझे झकझोर रहा है और मैं बँधा हुआ हूँ। अचानक लगा कि मैं सबसे स्वतन्त्र होना चाहता हूँ। अगले पल बेचैनी बढ़ी थी कि कुछ ही देर में चिन्ताओं ने फिर आ घेरा था...सुबह दूध वाले को पैसे देने हैं, और किराने वाला...? हाँ, उसके भी बकाया हैं। साली...क्या ज़िन्दगी है... ! क्या मेरी इन बातों का कोई अन्त है? पता नहीं। और एक वो है रोज मस्ती से इधर-उधर घूम रहा है। उसके पास कुछ नहीं, मगर उसे कोई परवाह नहीं। और मैं? दिनभर चिन्ता में। तो कहीं वो मुझसे बेहतर तो नहीं? शायद...। अचानक मन ने विद्रोह किया और मैं तुरन्त सुबह की पहली गाड़ी से घर जाने के लिए सामान बाँधने लगा था, बिना टिकट।

चंद्रगुप्त, चालाक बनो

''प्रमोद...क्या हाल है? ठीक हैं?...अच्छा, तेरे को मेरा एक काम करना होगा...रवि बॉस से जब शाम को मिलने जायेगा तो मुझे भी साथ ले चलना।'' सुरेन्द्र कमरे में घुसते ही बोला था। सामने वाली कुर्सी पर बैठना अभी बाकी था।

''कौन रवि बॉस?'' प्रमोद ने सरेआम अनजान बनने की कोशिश की थी।

''अरे वही, अपने कालेज के सीनियर।...बन क्यों रहा है।''

''अच्छा वो, नेता जी!...यहाँ कब आये?'' अबकी बार प्रमोद ने सवाल पूछ कर बचने का प्रयास किया था।

''क्यों, तुझे नहीं पता? तेरी तो बात हुई है उनसे, टेलीफोन पर।'' सुरेंद्र ने आँखों को फैलाया था।

''टेलीफोन पर? मेरी बात हुई?...नहीं तो! अरे भाई, आज की तारीख में वो मन्त्री हैं, बड़े आदमी। अपनी कैसे बात हो सकती है उनसे। और फिर हमने क्या करना है उनसे बात करके?'' प्रमोद अबकी बार सपाट था।

''मगर वो तो कह रहे थे कि तुम्हारा फोन गया था। तुम दोनों की बात हुई है।''

''अच्छा...!'' प्रमोद के लिए यह झटका था। साथ में हैरान और निरुत्तर भी।

''और क्या...अच्छा, तो तुम मुझसे छुपा रहे हो। अरे भाई सभी जानते हैं, तुम दोनों की कालेज के जमाने से खूब बनती है।...तेरे तो राजनीतिक गुरु भी रह चुके हैं। वो तो तुम्हें आज भी बहुत मानते हैं।''

प्रमोद ने इस बात का जवाब देना जरूरी नहीं समझा था।

''अगर विश्वास न हो तो सचिन से पूछ लेना।''

''सचिन से! वो वहाँ क्या कर रहा था?'' इस झटके से तो प्रमोद हड़बड़ा चुका था।

''क्यों? नहीं हो सकता क्या...? हमारे कालेज का छात्र नेता है,

प्रेजिडेन्ट है। राजनेताओं से, वो भी अपने कालेज के सीनियर से तो सम्पर्क रखता ही होगा।...मगर एक बात आज जो वहाँ समझ में आयी, वो यह थी कि वो भी तुम्हें बहुत मानता है।...और क्यों न माने, तुम इस क्षेत्र के पुराने खिलाड़ी भी तो रह चुके हो।"

सचिन का नाम आते ही प्रमोद के दिलोदिमाग पर राजनीति में चलाए जाने वाले शतरंज के मोहरे उभरने लगे थे। आगे की बात सुनने में कोई दिलचस्पी नहीं रह गयी थी। मस्तिष्क तेज गति से चल पड़ा था। चेहरे की चिन्ता मुँह में कड़वाहट बन कर उतर रही थी।

"...अच्छा छोड़ ये सब बातें...मेरा ये काम करना पड़ेगा तेरे को । मैं खुद तो बोल नहीं पाया उनसे, जबकि सुबह गया था मिलने, अब तेरे को मेरी खातिर बोलना होगा। वो तेरी बात टाल नहीं सकते...। तेरे को पता ही है, मेरे प्रमोशन की फाइल गवर्नर के पास पड़ी है। उनसे फोन करवा दे...बस अपना काम बन जाएगा...केंद्र में मन्त्री हैं भाई।" सुनकर भी प्रमोद ने अधिक उत्साह नहीं दिखाया तो कुछ देर बाद सुरेंद्र वापस हो लिया था।

उसके जाते ही प्रमोद ने पूरा गिलास ठण्डा पानी गटागट पी जरूर लिया मगर मन-मस्तिष्क शान्त नहीं हो पा रहे थे। वो बहुत देर यूं ही बैठा सोचता रह गया था।...पिछले बीस-बाईस साल से कोशिश कर रहा है, तीन-चार बार रवि से मात खा चुका है। क्या इस बार भी? सोचते ही बेचैनी बढ़ी थी। कॉलेज के प्रांगण से बाहर निकल कर घर की ओर निकला तो दोपहर उतर रही थी, सड़क सुनसान थी। बीच राह में रुक कर चारों ओर देखा तो समय अचानक पीछे चला गया था।...कुछ भी तो नहीं बदला, उतने ही चौड़े कंक्रीट के रास्ते, यहाँ तक कि कई जगह की बैंचें भी, वही पुरानी। कहीं-कहीं से टूट-फूट जरूर गई थीं। हाँ, कुछ पेड़ जरूर बढ़ गए थे। उस वक्त के पौधे अब छायादार वृक्ष बन चुके थे। फिर इतने वर्षों में, वो भी तो बदल गया था। आधे बाल सफेद, एक-दो दाँत हिलने लगे थे तो शरीर कई जगह से अटपटे ढंग से फूल चुका था...। शायद दिमाग अधिक परिपक्व हुआ है...नहीं, इतनी ठोकरें खाकर कुछ समझ पाया है। लेकिन ये रवि, ये तो और ज्यादा तेज़ होता जा रहा है...व्यवस्था इतने वर्षों में और खराब ही हुई है तो फिर ये रवि उर्फ नेता जी उर्फ रविन्द्र सिंह कैसे सुधर सकता है? प्रमोद को सब याद आ रहा था...इन्हीं रास्तों पर, वो रवि के साथ कई बार पैदल तो कभी किसी रईस की माँगी हुई मोटरसाइकिल पर पीछे बैठ चुका था। कॉलेज में नेतागिरी जो चमकानी

होती थी।...कितना चालाक था रवि! था नहीं, अब भी है। तभी तो मन्त्री भी बन गया। पर अब राज्य का मुख्यमन्त्री बनने के चक्कर में है। और क्यों न बने, शुरू से दिमाग कितना तेज चलता था उसका। और वो था कि कभी सोच भी नहीं सकता था कि इसके पीछे कितनी खतरनाक योजना हो सकती है। वो तो उसकी बातों में बहुत जल्दी आ जाता था। जुनून जो था नेतागिरी करने का।...कितना जोश हुआ करता था...रवि भाई को किसी भी कीमत पर चुनाव जिताने का, नेता बनाने का,...साम, दाम, दण्ड, भेद। हॉस्टल में कोई दोस्त इस गन्दी राजनीति के बारे में ज्यादा पूछताछ करे तो वो कह भी देता था कि युद्ध के मैदान में सब कुछ जायज़ है।...वो उसकी बातों से तब कितना मोहित रहा करता था, तभी तो उसे कोई भी झूठ बोलने में कभी भी अपराध बोध नहीं हुआ। सब कुछ करने को तैयार...।

शुरू-शुरू में जब रवि ने ऐसा कुछ करने के लिए कहा तो उसे समझ न आया था...और फिर तो आदत-सी हो गई थी...रवि के कहने पर ही तो वो कालेज के टेलीफोन एक्सचेंज से या फिर हॉस्टल के पीछे वाली किराने की दुकान से सीएम हाउस में अक्सर फोन करता और यह कहता कि हमारे कालेज के छात्र सीएम साहब से मिलना चाहते हैं। उनका नेतृत्व हमारे छात्र नेता रवि भाई करेंगे। कई दिनों तक यह सिलसिला चलता रहा। प्रारम्भ में सफलता नहीं मिली तो कुछ और पंक्तियाँ भी जोड़ दी गयी थीं। एक-दो बार टेलीफोन ऑपरेटर ने सेक्रेटरी से बात करवा दी तो यह भी कहा गया कि कॉलेज यूनियन की तरफ से रवि भाई अपनी माँगों को लेकर सीएम साहब को ज्ञापन देना चाहते हैं। जबकि इसमें सत्य कुछ भी नहीं था। फिर भी जबरन ज्ञापन बनवाया गया। और तो कुछ हुआ नहीं, हाँ लेकिन सीएम हाउस में चपरासी से लेकर ऑपरेटर, माली और अन्त में सेक्रेटरी तक से दोस्ती बनाने की कोशिश जरूर की गयी। और कुछ हो न हो, थोड़ी जान-पहचान तो बन ही गयी थी। कई बार तो गेट से ही भगा दिया जाता मगर पक्के बेशर्मों की तरह कोशिश जारी रही। दूसरी तरफ मार्केट के किसी भी नम्बर से प्रिंसिपल के ऑफिस में जान-बूझ कर फोन किया जाता सिर्फ यह बताने के लिए कि आज शाम छात्र नेता रवि भाई को सीएम हाउस भिजवा दीजिएगा। सीएम हाउस में अटैच एक गाड़ी के ड्राइवर को भी खूब पटाया और एक दिन भरी दोपहरी में पहले बीयर पिलायी और फिर कॉलेज जल्दी पहुँचने का बहाना बना कर हॉस्टल तक छोड़ने के लिए कहा...रास्ते-भर कई जगह उतर कर लोगों को लालबत्ती अम्बेसडर में बैठे होने का अहसास कराया था। पटाया तो सीएम के दूसरे नम्बर के सेक्रेटरी के चपरासी को भी था। कई बार

दारू पिलानी पड़ी थी सिर्फ एक फोन प्रिंसिपल को करवाने के लिए कि रवि भाई को तुरन्त सीएम हाउस भिजवाएँ। सीएम साहब याद कर रहे हैं। प्रिंसिपल ने तुरन्त हॉस्टल में रवि को ढुँढ़वाने के लिए दो प्रोफेसर लगवाए, मिलने पर स्वयं इत्तला किया कि उसके लिए सीएम हाउस से संदेश है। पहले दूसरे फोन के बाद से ही प्रिंसिपल ने रवि के साथ मेलजोल बढ़ाना शुरू कर दिया था। और फिर बिना कुछ जाने, एक दिन धीरे-से-अपने लिए भी कुछ फेवर की बातें सीएम से कहने के लिए क्या कहा…बस, वहीं से सिलसिला शुरू हुआ था।…प्रिंसिपल छात्र नेता के चक्कर में पड़ चुका था। क्यूँ न पड़ता, वाइस चांसलर बनने का ख्वाब रखता था। इन सबका नतीजा था कि हॉस्टल में रवि भाई की धाक जमने लगी थी। सामान्य छात्र यह समझने लगे थे कि जरूर कोई खास बात है जो प्रिंसिपल रवि को हॉस्टल से बुलाता है। और फिर धीरे-धीरे कालेज के लड़के-लड़कियाँ अपनी छोटी-छोटी बातों के लिए उसके पास आने लगे थे। रवि प्रिंसिपल से कह कर किसी का कभी-कभी कोई काम भी करवा देता। लेकिन फिर उसकी पूरी कीमत वसूलता। कभी किसी पार्टी के नेता से मिलने जाना हो और चालीस-पचास लड़कों की भीड़ की जरूरत हो तो इस तरह के छात्रों को ही साथ चलने के लिए कहा जाता। कभी किसी से चंदे के नाम पर पैसा ऐंठता तो कभी किसी का स्कूटर अपने पास रख लेता। किसी भी होटल की दावत का बिल उसके साथ गया चमचा ही भरता।…उधर, प्रिंसिपल ने भी उसे स्थापित नेता मान लिया था। तभी तो जब कालेज की सीमा के आस-पास बढ़ रही गैर-कानूनी झुग्गी-झोपड़ी, जहाँ लड़के भी दिन में शराब और रात को बिस्तर गर्म करने जाते थे, की शिकायत करनी थी तो सीएम से मिलने जाने के लिए उसे ही साथ चलने को कहा था।…कितनी चतुराई से रवि ने पहले प्रिंसिपल के लिए सीएम हाउस में अप्वाइंटमेंट लिया, छात्र नेता की जगह अपना नाम डलवाया, और फिर ऐन वक्त पर प्रिंसिपल को साथ चलने से यह कह कर मना कर दिया कि अभी सीएम साहब बहुत बिजी हैं, बहुत टाइम लगेगा, पहले मैं ही मिल आता हूँ। अन्त में कॉलेज के दो प्रोफेसर साथ जरूर गये थे मगर उन्हें भी बाहर ही बिठवा दिया था। चपरासी किस दिन काम आते?

…और कुछ हो न हो, रवि में बात करने की कला तो है ही। पहली मुलाकात में ही उसने सीएम को प्रभावित कर दिया था। मैं भी तो साथ पीछे खड़ा था। मुख्यमन्त्री भी ठहरा पक्का राजनेता। उसे लगा कि इस लड़के के साथ बहुत लड़के हैं जो रैलियों में, चुनावों में काम आ सकते हैं। और फिर अन्दर जाकर रवि ने यही तो कहा था

कि यह झुग्गी-झोपड़ियाँ सब गैर-कानूनी तो हैं ही, विरोधी पार्टियों द्वारा बसायी गयी हैं। कालेज की रिपोर्ट पर इसे हटाने पर दो फायदे होंगे। कालेज के छात्र और साथ में प्रोफेसर कालोनी के तमाम लोग आपकी पार्टी के साथ हो जाएँगे, दूसरा, समाचारपत्र के माध्यम से जनता में सरकार की अच्छी छवि बनेगी, वो अलग। आखिरकार नामी कालेज है।...और फिर जब कुछ दिनों बाद वहाँ पर अतिक्रमण को हटाने के लिए कार्यवाही शुरू की जानी थी तो मैं खुद ही तो गया था, वो कौन थी,...क्या तो नाम था उसका? जो मुझे और रवि, दोनों को ही बहुत पसन्द थी। उसी के कान में तो धीरे-से बोल आया था कि आस-पास के लोगों को बोलो कि अगर पुलिस से बचना है तो रवि भाई के पास जाओ...सीएम से डायरेक्ट कान्टेक्ट है...वो तुम्हारा काम करवा देंगे। दूसरी औरतों को भी भड़का आया था कि जब पुलिस वाले आयें तो पत्थरों से वार करना।...बात कितनी बिगड़ गयी थी। प्रेस भी पहुँच गई थी। पहुँची नहीं, भेजी गयी थी। मैंने ही तो फोन किया था। झुग्गी-झोपड़ी और पुलिस के बीच मामला उलझ गया था। और फिर जब बात ज्यादा बिगड़ने लगी तो सीएम को जाकर रवि यह भी बोल आया था कि एसपी ने मामले को ठीक से हैण्डल नहीं किया है...चाहता तो मुझसे भी सम्पर्क कर सकता था...मेरा काफी प्रभाव है...कुछ लोग मुझे जानते भी हैं। सीएम ने उसके सामने पुलिस कप्तान को डांट लगायी थी। उस दिन से वो एसपी भी तो उसका चेला बन गया था...जब रवि ने उसके सामने सीएम से कहा था "छोड़िए सर, ऐसा करते हैं इन लोगों को कालेज के दूसरी तरफ, पीछे के साइड खाली पड़े जंगल में झुग्गी बनाने के लिए छोटे-छोटे प्लाट अलाट कर देते हैं। साथ में दस-दस हजार रुपए दे देंगे तो यह जनता सब हमारी हो जाएगी। अगले इलेक्शन में वोट हमीं को देगी।" सीएम को योजना अच्छी लगी थी। इस छात्र नेता पर कुछ अधिक ही विश्वास होने लगा था। और उसने तुरन्त इस कार्य को क्रियान्वित करने के लिए अधिकारियों से कह दिया था। इसी प्रक्रिया में रवि ने कइयों को प्लाट दिलवा दिए थे। एक-दो तो बेनामी नाम से अपने लिए भी अलाट करा लिये थे। उस बस्ती की कई औरतें अब मुफ्त में उसकी सेवा में लगी रहतीं तो कुछ लोगों को खुश करने के लिए वो इनका इस्तेमाल भी कर लेता था। बस्ती के नौजवानों को शराब के नशे में डुबो दिया था। देसी शराब के भट्ठे वाले के साथ भागीदारी बना ली थी। कुल चार-छह महीने ही तो लगे थे, इतने में ही वो कालेज व आस-पास की बस्तियों का निर्विवाद नेता घोषित हो चुका था। कितना खुश हुआ था मैं...।

प्रमोद को याद आ रहा था सब कुछ...इतने कम समय में इतनी प्रगति! इस

गति से चलते हुए ही तो उसने दिल्ली तक अपने कदम मात्र पाँच-सात सालों में रख लिये थे। लेकिन हर एक सीढ़ी की नींव में यही झूठ और फरेब था जिसे वह राजनीति कहा करता था।...मैं बहुत देर बाद समझ पाया था। मगर क्यूँ? फिर भी उतनी देर नहीं हुई थी। तभी तो अन्त में कुछ पढ़ कर मैं कम-से-कम अपने ही कालेज में लेक्चरार तो बन पाया था। अन्यथा उसकी बातों में रहता तो उसके चमचे से अधिक कुछ नहीं बन पाता। रवि ने उसके साथ भी तो धोखा किया था। कुछ नहीं किया। एम.एल.ए. छोड़, कॉलेज का इलेक्शन तक नहीं लड़ने दिया था। जोड़-तोड़ से दूसरे गुट को बनवा दिया था। उसके भी वोट जो लेने थे।

...पुरानी यादों ने बेचैनी बढ़ाई तो उसने एक बार फिर दाढ़ी खुजाई थी। अन्दर के प्रतिशोध में उन दिनों कुछ दिन तक शेव नहीं की थी, बस, तब से दाढ़ी रखने की आदत पड़ गयी है।...कहीं चाणक्य की खुली चोटी या द्रौपदी के खुले केश की तरह तो नहीं? सोच कर वो थोड़ा कसमसाया था...न-न मैं तो दाढ़ी ट्रिम करता रहता हूँ।

प्रमोद ने देखा कि वो एक टूटी-फूटी बेंच पर बैठा है। घर जाते-जाते कब यहाँ बैठ कर पुराने दिन टटोलने लगा, होश नहीं। नहीं, वो अबकी बार रवि से मिलने बिल्कुल नहीं जाएगा। दुनिया को दिखाने के लिए भी नहीं। पिछले तीन चुनाव से वो उसके दरबार में हाजिर होता रहा है, आधे मन से ही सही।...तो क्या सचिन उसके घेरे में आ चुका है? क्या उसकी इतने सालों की मेहनत एक बार फिर व्यर्थ जाएगी? पता नहीं।...पक्का, कोई-न-कोई लालच अब तक रवि, सचिन को दे चुका होगा। कोई-न-कोई पासा फेंक चुका होगा। चुनाव नजदीक है। तो क्या सचिन भी इस्तेमाल किया जाएगा? पिछले दो-तीन छात्र नेताओं की तरह, जिसे पाल-पोस कर हर बार बढ़ा तो मैंने किया, मगर उपयोग रवि ने...। हो सकता है। सोचते ही आँखों में पानी उतर आया था।...लेकिन सचिन इतना बेवकूफ़ नहीं, उसकी अब तक की सर्वश्रेष्ठ खोज है। उसे विश्वास रखना चाहिए...। ठीक बात है, मगर एक बार वो उससे पूछेगा जरूर। साथ ही उसे सावधान करेगा। समझाएगा कि आज के युग में चन्द्रगुप्त को अधिक चालाक बनना होगा।...और वो सोचते हुए एक बार फिर उठ कर घर की ओर बढ़ा था।

देर शाम सुरेंद्र उसे साथ ले जाने के लिए उसके घर पहुँचा तो उसने साफ-साफ मना कर दिया था। मन में सन्तुष्टि थी कि कम से कम नेता के सामने खड़े हो कर भीड़ नहीं बढ़ने देगा। किसी का झूठमूठ में महत्व नहीं बढ़ाएगा। किसी का

मोहरा नहीं बनेगा।...तुम्हारे एक के न जाने से कोई फर्क नहीं पड़ता।...क्यूँ नहीं, नेता को कुछ हो न हो, मुझे सन्तुष्टि जरूर होगी कि मैं उसके द्वारा उपयोग नहीं किया गया। और फिर मुझ जैसे समर्थक विरोध में खड़े हो जायें तो दोहरी मार पड़ती है। किसी न किसी को कहीं न कहीं से तो शुरुआत करनी होगी। और फिर कुछ और लोग भी जब जुड़ जायेंगे तो समझ जाओ कि बात बन गयी।...इन विचारों ने प्रमोद को आत्मबल दिया था।

"...तू मेरा काम नहीं करवाना चाहता, है न?"

"हो सकता है।" प्रमोद अबकी बार अपनी बातों पर अडिग था।

"मगर क्यूँ? तू तो सबके लिए हमेशा तैयार रहता है। फिर मेरे लिए..."

"पता नहीं।"

और उसकी बेरुखी से हैरान सुरेन्द्र जा चुका था। प्रमोद के दिल में बेचैनी हुई तो घर के बाहर बागीचे में टहलने लगा था। पीछे से धीरे-धीरे चारों ओर अँधेरा कब छाने लगा, पता ही न चला। रोड पर अमूमन एक-दो ट्यूबलाइटें ही जलती हैं। उसी की रोशनी छन-छन कर पहुँच रही थी। प्रमोद ने एक पल ठहर कर, दूर लड़कों के हॉस्टलों की ओर देखा, कुछ कमरों की लाइटें जलीं और अधिकांश बुझी हुई दिख रही थीं।...परीक्षा नजदीक है फिर भी ये हाल!! सोचकर उसे हैरानी हुई थी।...सच तो यही है कि कुछ ही बच्चे पढ़ते हैं। तो बाकी...?...कहीं सचिन के साथ रवि की पार्टी की तरफ से चुनाव के किसी काम में तो नहीं? हो सकता है।...बहुत लोकप्रिय है सचिन। उसको दिल से चाहने वाले बहुत से लड़के हैं। वो रवि की तरह धोखेबाज छात्र नेता नहीं।...लेकिन फिर भी वो रवि की बातों में तो आ ही गया न।...नहीं-नहीं।...प्रमोद के मस्तिष्क में ज्वारभाटा उभर रहा था कि अचानक मोटरसाइकिल की आवाज ने ध्यान अपनी ओर खींचा था।

...यह तो जानी-पहचानी मोटरसाइकिल है। हाँ, सचिन की ही तो है। जब भी कोई दुविधा हो तो देर रात अकेले ही आता है।...आज भी कहीं किसी बात को लेकर तो नहीं? हो सकता है। प्रमोद ने ध्यान से गेट की ओर नजर गड़ाई थी।...सचिन धीरे-धीरे गेट खोल कर कॉलबेल की ओर बढ़ रहा था। कॉलबेल बजा पाता कि उसके पहले ही अँधेरे से निकलकर प्रमोद उसके सामने खड़ा था। उसने तुरन्त झुक कर चरणों को स्पर्श किया था।

"खुश रहो।"

"कैसे हैं सर?"

"ठीक हूँ।" और फिर एक शान्ति ने दोनों को अपने आगोश में लिया था।

"रवि बॉस आये हुए हैं।" सचिन ने धीरे से अँधेरे में आँखों को केंद्रित करते हुए कहा था।

"सुना है।"

"तो क्या आपकी बात नहीं हुई उनसे...टेलीफोन पर"

"तुम्हें क्या लगता है...?"

"मैं सब कुछ समझ गया सर..." उसने तुरन्त अपने गुरु के चरण स्पर्श किए थे। आँखों में चमक थी। प्रमोद ने सचिन को वापस जाते हुए देखा तो बस कुछ सोच कर आज वो बहुत दिनों बाद मुस्कुराया था, शायद बरसों बाद। और कुछ देर बाद हॉस्टल के कई कमरों में लाइट जल उठी थी।...सचिन हॉस्टल पहुँच चुका होगा, सोचकर प्रमोद ने घर के अन्दर कदम रखे थे।

एक वोट की कीमत

"यह तो बहुत ही गंदा परफॉर्म कर रहा है, फिर भी पता नहीं कैसे, इस बार भी जीत गया?"

कमरे में मैंने प्रवेश किया तो छोटी बेटी सुचि नाराज़ दिखी थी। मैं उसके इस प्रश्न के लिए तैयार न था। माहौल शान्त मगर बोझिल था, जबकि बड़ी बेटी रुचि, पत्नी सुमति व पिताजी, सभी वहीं थे। हर एक की ओर बारी-बारी से देखने के पश्चात मैं भी चुपचाप बैठ गया था। एक लम्बी सांस ली थी। असल में थक रहा था। पहले फैक्टरी फिर एसोसिएशन की मीटिंग, वहाँ से सीधे घर चला आ रहा था। पूरे इंडस्ट्रियल एरिया की सड़कें खराब हैं। ऊपर से बरसात का पानी खड़ा हो जाता है। ट्रैफिक़ जाम अलग। परेशान होकर ड्राइवर घुमा कर लाया था। पूरे आधे घंटे अधिक लग गए थे। सुबह जल्दी उठने की चिन्ता थी। कल एसोसिएशन का चुनाव जो है।

"कैसी रही मीटिंग पापा?" रुचि ने धीरे-से पूछा था।

"ठीक थी।"

"क्या अबकी बार भी, वो साइकिल की फैक्टरी वाले आपके दोस्त, आहूजा अंकल ही जीतेंगे?" रुचि का यह अप्रत्याशित सवाल थोड़ा अटपटा लगा था। मैंने देखा, उसकी निगाह अब भी टीवी की ओर ही थी।

"हाँ, जीतना तो चाहिए। मगर ये सुचि को क्या हुआ...?" मैंने रुचि के कान में धीरे-से पूछा था।

"उसका फेवरिट केंडिडेट हार गया है, इसलिए नाराज़ है..." उसने मायूस होकर कहा था।

"अच्छा! मगर वो तो अच्छा कलाकार है..." मैं हैरान हुआ था।

"अब क्या करें, वोटिंग में हार गया न..." बड़ी, धीरे-से बुदबुदायी थी।

बच्चों-युवाओं के इस पसन्दीदा कार्यक्रम को, मैं भी कभी-कभी घर पर सबके साथ बैठ कर देख लेता। टी.वी. पर यह कार्यक्रम काफी लोकप्रिय हो चला था। इसमें हर हफ्ते एक राउण्ड होता। पिछले राउण्ड के विजयी कलाकारों को अपनी कला का प्रदर्शन करना पड़ता। नाच और गाने का एक साथ स्टेज परफर्मिंस...जनता की वोटिंग के द्वारा, इनमें से एक कलाकार को, जो लोगों के मतानुसार सबसे खराब परफॉर्म करता अर्थात सबसे कम वोट पाता, बाहर कर दिया जाता। इस तरह अन्त में जो बचेगा वह सर्वश्रेष्ठ कहलायेगा और उसे एक भारी-भरकम राशि इनाम में दी जायेगी जो पहले से सुनिश्चित थी।

छोटी बेटी की परेशानी का हल नहीं था मेरे पास। उसके सवाल का जवाब नहीं था। कुछ-कुछ जानते हुए और समझने पर भी, अपने बड़प्पन को बरकरार रखने के लिए, चुप रहना ही उचित समझा था। मगर छोटी, खामोश रहने वालों में से नहीं थी। इस बार अपनी दीदी से पूछ बैठी,

"क्या दीदी, ये यहाँ तक भी कैसे पहुँचा...?"

"अरे उसकी बोली एवं क्षेत्र के लोग उसे खूब वोट दे रहे हैं। मैंने सुना है, कहते हैं हमारे एरिया का है, इसी को जिताना है। उसके शहर में तो हवन किया जा रहा है, पूजा-पाठ भी कर रहे हैं लोग। पेपर में एड आ रहा है। पोस्टर लगाये गए हैं जिताने के लिए।...क्यूँ, ये सब कल रात की न्यूज में तुमने देखा नहीं था?" रुचि ने एक प्रवाह में जवाब दिया था।

"नृत्य और संगीत में भी कहीं ऐसा करना चाहिए?" सुचि रोने के कगार पर थी।

"और क्या, बिलकुल नहीं।" बड़ी ने छोटी को सांत्वना देने की पूरी कोशिश की थी।

"मम्मा... दादा..., उस बेचारे को देखो, जो अभी बाहर किया गया है, वो कितना अच्छा कलाकार है, क्या नाचता है, गाता भी कितना अच्छा है। जनता भी, क्या बतायें..." छोटी, बोलते-बोलते रो पड़ी थी।

"...जनता बेवकूफ है। किसी को कोई समझ नहीं।" बड़ी, बड़े होने का सबूत दे रही थी।

"क्यूँ नहीं? अगर इस बन्दर को जबरदस्ती जितवा भी दिया, तो क्या भविष्य में लोग इसी की नौटंकी वाला कार्यक्रम देख पायेंगे?" छोटी ने दुःखों से उपजी हताशा को बाहर निकालने की चेष्टा की थी।

"इतनी अक्ल कहाँ है सब में, कहाँ सोचते हैं। यही गलती तो आम चुनाव में भी करते हैं।"

"क्यूँ, कहाँ गयी?" छोटी ने अपनी बड़ी दीदी से तर्क-वितर्क जारी रखा था। उसे समाधान चाहिए था।

"सब चेहरा देख कर और भावनाओं में बह कर वोटिंग कर रहे हैं। पिछले हफ्ते मेरे वाला फेवरिट भी तो बेवजह निकाला गया था। वो तो तेरे को भी पसन्द था। अब चूंकि न तो वह सुन्दर था, न ही बात-बात पर अपनी गरीबी दिखा कर पब्लिक सेंटिमेंट बटोर रहा था, और न ही उसके धर्म या जाति का कोई चक्कर था। इसीलिए तो उसको भी वोट नहीं मिले थे..." बड़ी ने पुरानी बातों को याद किया तो चेहरे पर उदासी अचानक आ पहुँची थी।

"बदकिस्मत भी होगा।" छोटी ने लम्बी साँस भरते हुए कहा था। और फिर मायूस होकर कहने लगी, "...इसीलिए तो हमारा देश आगे नहीं बढ़ पाता। पढ़े-लिखे जैसा व्यवहार नहीं करते हैं, हम लोग। हर जगह जातिवाद और पता नहीं कौन-कौन से वाद लगाते हैं।...भेड़चाल है।"

"इन छोटी-छोटी बातों को दिल से नहीं लगाते। ये तो टीवी कार्यक्रम है, तुझे क्या लेना-देना?" माँ ने पीछे से आकर छोटी बेटी को प्यार किया था।

अब तक के वार्तालाप को सुन कर मैं हैरान हो रहा था। आज के स्कूल-कॉलेज की छात्राओं के विचारों से आश्चर्यचकित था। मगर इस उम्र में हतोत्साहित होना भी ठीक नहीं। और मैंने अपनी राय रखी थी,

"ऐसा नहीं कि सिर्फ हमारे यहाँ ही ऐसा होता है, विदेशों में भी बुरा हाल है। हमारा दक्षिण भारत तो ज्यादा पढ़ा-लिखा है, फिर वहाँ हीरो-हीरोइनों को क्यूँ भगवान की तरह पूजा जाता है? वे ही वहाँ के सबसे बड़े नेता क्यूँ बन जाते हैं? अमेरिका को ही ले लो, वो हॉलीवुड का बॉडी बिल्डर हीरो, क्या नाम है, वही टर्मिनेटर फिल्म वाला...नाम भी ठीक से याद नहीं आ रहा...वो गवर्नर बन गया। सिर्फ सुन्दर दिखने वाली साराह पॉलिन अबकी बार अमेरिका का उपराष्ट्रपति पद जीतते जीतते रह गयी।"

"जीती तो नहीं न...हमारे यहाँ तो अनपढ़ और गुण्डे भी राज करते हैं...छोड़ो पापा, मूड न खराब करो...हमारे टीवी कार्यक्रम के जजों को ही देख लो, कितनी ओछी हरकतें करते हैं..." सुन कर मैं मन ही मन प्रसन्न हुआ था। भारत का भावी नागरिक कितना परिपक्व हो गया है जो ऐसी बातें कर रहा है। तभी पीछे

शान्त बैठे दादा जी ने हस्तक्षेप किया था, "तुम दोनों की सारी बातें सही हैं, परन्तु क्या तुम लोगों ने वोटिंग की थी?"

"नहीं।" दोनों पोतियों ने दादा को एक सुर में कहा था।

"...तो फिर तुम लोगों को बोलने का कोई हक नहीं। सिर्फ बातें करने से कोई फायदा नहीं। हम लोग खुद तो कुछ करते नहीं और दूसरों को नाम रखने में माहिर हैं।...यह प्रजातन्त्र है। जो तुम्हें पसन्द है और जिन्हें तुम ठीक समझते हो, अगर तुम उन्हें वोट नहीं डालते तो फिर वे कैसे चुने जायेंगे। ऐसे में तुम्हें दूसरों के निर्णय को, जो चाहे तुम्हें पसन्द नहीं, स्वीकार करना चाहिए।" दादा ने एक सांस में सब कुछ कह दिया था।

"मगर हमारे एक अकेले के वोट डालने से क्या फर्क पड़ेगा..?" छोटी के प्रश्न अभी बाकी थे।

"तुम्हारी तरह सभी पढ़े-लिखे ऐसा ही सोचते हैं...तभी तो ये हाल है प्रजातन्त्र का..." दादा ने ब्रह्मास्त्र फेंका था।

"चल, हम लोग उस लड़की के लिए वोट करते हैं, कितनी भोली है, अच्छा भी गाती है...इस बन्दर को हराने के लिए ये ज़रूरी है, क्यूँ दादा...?" रुचि बिना सोचे-समझे बोल पड़ी थी।

"...ठीक है।"

"एक कॉल या एसएमएस का एक रुपया ही तो लगता है, हम दोनों मिल कर दस मिनट रोज अलग-अलग फोन से वोटिंग करेंगे, एक वोट की कीमत एक रुपया, कोई ज्यादा महँगा नहीं है...ओके।"

"बिलकुल नहीं।...कल पेपर में नहीं आया था कि ये सभी कार्यक्रम पैसे कमाने का धन्धा है, जितना ज्यादा फोन होगा उतनी इनकी कमाई होगी...एड से पैसा अलग..." छोटी फिर आक्रामक हुई थी।

"तो फिर ऐसा कार्यक्रम देखो नहीं।...कोई जबरदस्ती है क्या? तुम देख रहे हो तो वो दिखा रहा है। और अगर सिर्फ मनोरंजन के लिए देख रहे हो, इस नौटंकी को, तो मजे के लिए देखते रहो, दिल से क्यूँ लगाते हो..." दादा बच्चों के साथ सपाट थे। कुछ देर छोटी ने सोचा, अपनी दीदी से धीरे-से पूछा और फिर यकायक उठ कर उसने टीवी बन्द कर दिया था।

"आज के बाद ये कार्यक्रम कोई नहीं देखेगा..." और वो पढ़ने के लिए अपने कमरे की ओर बढ़ चली थी। बच्चों के निर्णय लेने की क्षमता देख कर दादा

जी खुश हुए थे, "शाबाश..."

"...अभी गुस्से में है, एक-दो दिन में नॉर्मल हो जाएगी..." मैंने अपना मत रखा था।

"मगर अब ये वाला कार्यक्रम नहीं देखेगी। जिद्दी है, आपको तो मालूम है...आजकल के बच्चे हम लोगों से आगे हैं।" सुमति ने एक माँ का पक्ष रखा था।

"बिलकुल ठीक कह रही है मम्मी...और देखना भी नहीं चाहिए...ये लोग ऐसे ही नाटक करते रहेंगे तो और लोग भी नहीं देखेंगे...हमारे पैसे से हमें ही बेवकूफ बनाते हैं...।"

"हम लोग बेवकूफ बनते हैं तभी तो कोई बेवकूफ बनाता है।" दादा की इस बात पर भी रुचि ने हामी भरी थी।

"तुम्हारे कॉलेज में पढ़ाई कैसी चल रही है?" टॉपिक बदलने के लिए मैंने जान-बूझ कर पूछा था। साथ ही जूते-मोजे उतार रहा था। कपड़े बदल कर सीधे बिस्तर पर जाना था। खाना मीटिंग में खा चुका था।

"नहीं, पढ़ाई नहीं हो रही। आजकल चुनाव का माहौल है। अच्छा पापा, आपके कॉलेज में चुनाव होते थे?"

"हाँ, होते थे।" मैंने कुर्सी पर पीछे टिक कर पैर सीधे किए थे।

"तो क्या तब भी चुनावों में इसी तरह से गुण्डागर्दी और इस तरह की गन्दी पॉलीटिक्स होती थी?"

"नहीं, इतना बुरा हाल नहीं था।"

"आप चुनाव में खड़े हुए कभी...?"

"नहीं नहीं, हमारा तो सारा ध्यान पढ़ाई पर होता था। अच्छी जॉब या बिजनेस का टारगेट था..."

"पापा, यही तो गलत बात है। हमारे यहाँ अच्छे लोग पॉलीटिक्स में नहीं जाते इसीलिए तो बदमाश लोगों की संख्या यहाँ बढ़ती जा रही है। क्यूँ दादा...? मेरा तो बहुत मन था, मेरे दोस्त भी कह रहे थे कि मैं खड़ी हो जाऊँ। मगर मुझे मालूम था, आप परमिशन नहीं देंगे।...खैर, मैं चुनाव प्रचार में खुल कर भाग लूँगी..."

"अच्छा तो तुम्हारे कालेज में चुनाव हो रहे हैं। फिर तो खूब शोर-गुल हो रहा होगा? किस ग्रुप के चांस हैं? तुम लोग किसके साथ हो...?" मैंने बात हल्के में ली थी।

"वैसे तो आहूजा अंकल का लड़का भी खड़ा हो रहा है...सुनील।"

"सुनील! फिर तो तुम सब उसी को वोट करोगी..."

"नहीं, बिलकुल नहीं...वो तो एक नम्बर का गुण्डा है...बदमाश..." सुन कर मैं थोड़ा हैरान हुआ था।

"अच्छा! चलो इससे तुम्हें क्या करना है...। वो चुना जाएगा तो तुम्हें फायदा ही होगा।"

"ये क्या बात हुई पापा, उसे तो तमीज ही नहीं है। बहुत हवा में है। किसी को कुछ समझता ही नहीं। हमारे सामने हमारी सहेलियों को भी नहीं छोड़ता। आपको पता है, सुरभि, दवाई की फैक्टरी वाले शर्मा अंकल की बेटी, आपके ग्रुप के ही हैं, दोस्त भी हैं, कितनी सीधी लड़की है, उसको भी एक दिन छेड़ दिया था।"

"अच्छा...? तो बताना चाहिए था। उसने अपने पापा से बताया?" शब्दों में उत्तेजना उभर रही थी।

"बताया था। अंकल ने आहूजा अंकल से बात भी की थी। आहूजा अंकल कहने लगे, बच्चा है समझा दूँगा। मगर दूसरे दिन तो सुनील ने सुरभि की कुछ ज्यादा ही हँसी उड़ाई थी।...कई दिनों तक तंग भी करता रहा।...सुनील के साथ रहने वाली बिगड़ी लड़कियों ने भी कम टॉर्चर नहीं किया था। डर के मारे न तो उसने फिर घर में कुछ कहा और कॉलेज में भी चुप रह कर सहती रही। बीच में परेशान होकर वो कई दिनों तक कॉलेज भी नहीं आयी...और भी है, अब मैं आपको क्या-क्या बताऊँ। ऐसे को तो...। अपने पापा की बड़ी शान मारता रहता है।... हम चारों सहेलियों ने तो सोच रखा है कि उसको वोट किसी भी कीमत पर नहीं देंगी। यह तो जीत कर और बड़ा गुंडा बन जाएगा।"

"तुम्हें मगर मुझे तो बताना चाहिए था..." पूरी बात सुन कर मेरी चिन्ता का उठना स्वाभाविक था।

"आप भी क्या करते, आपके तो दोस्त हैं आहूजा अंकल। ऊपर से नेता हैं...फिर हम लोगों का आना-जाना भी तो है..."

"ये क्या बात हुई...काहे का नेता...गलत बात तो गलत है। चाहे फिर जो हो...अपनी जात का ही क्यूँ न हो।...डाँट उसे फोन करके, अभी बता उसको, तभी अक्ल आएगी। शर्मा की तरह सीधे बने रहने से काम नहीं चलेगा।" पिताज़ी की बात सुन कर मैं फोन की ओर बढ़ा तो सुमति ने टोका था, "गुस्से में बात बिगड़ती है। बच्चों के बीच तो चलता रहता है। वैसे भी लड़की का मामला है।"

"तो फिर चुप करके बैठे रहें...?" पिताजी गुस्से में थे।

"समय देखकर बात करनी चाहिए..." ससुर के सामने सुमति ने धीरे-से समझाया था।

"बात तो ठीक है, ऐसे लोगों को मुँह नहीं लगाते। लेकिन कोई जरूरत नहीं है ऐसे आदमी को वोट देने की, और चंदा माँगे तो सीधे मना कर देना।" पिताजी की आवाज में आक्रोश था।

देर रात बिस्तर पर बड़ी बेटी की बातें पीछा करती रहीं। मन अशान्त और दिमाग उत्तेजित था। दिल में बात कहीं लग गयी थी। क्रोध धीरे-धीरे जाग रहा था। आहूजा का चेहरा अनायास उभरता...हम सभी ने मिल कर उसे नेता बनाया है...नहीं तो वो क्या था। तभी शुक्ला जी का चेहरा उभरता, पिछले तीन चुनाव से हार रहे हैं...लगते तो इतने बुरे नहीं, मगर...अचानक पीछे से सुचि का पसन्दीदा मगर हारा हुआ टीवी कलाकार का चेहरा उभरा था...शुक्ला जी का भी तो यही हाल है...नहीं, यह ठीक नहीं।...क्या ठीक नहीं? आहूजा अपना आदमी है, काम आता है। शहर के सभी बड़े नेताओं से जान-पहचान है उसकी। पुलिस वालों, इनकम टैक्स वालों से भी दोस्ती है। कोई भी ऊँच-नीच में ले-देकर काम करवा देता है...और क्या चाहिए...सभी पार्टियों में अच्छी घुसपैठ है...धंधे के लिए यह जरूरी है...। लेकिन यह कैसे बनी...? एसोसिएशन का अध्यक्ष बनने से ही। वो किसने बनाया...? हमने। और वो हमारी ही बेटी के साथ...मन का विश्लेषण जारी था, दोनों बेटियों की बातें बार-बार कान में पड़ती। टीवी कार्यक्रम की तरह ही आहूजा को भी तो हम जिताते आ रहे हैं। जिस तरह कार्यक्रम के जज, कार्यक्रम के बाद अपने विश्लेषण में भी सही बात नहीं कहते, साफ-साफ झलकता कि अपने प्रतियोगी को जिताना ही उनका उद्देश्य है, और उसके लिए लड़ाई-झगड़ा यहाँ तक कि गाली-गलौज भी कर लेते, कहीं-कहीं जनता की भावनाओं के साथ खेला भी जाता था,...ऐसा ही कुछ तो एसोसिएशन के चुनाव में हम सब भी करते हैं। हे राम...पैसे और सफलता के लिए इतनी गिरावट? राजनीति हर जगह आ गयी है।...मगर मुझे ये सब बातें आज ही क्यूँ समझ आ रही हैं...? बेटी के कारण...? शायद। अन्यथा हमें तो देख कर भी कुछ नहीं दिख रहा था। बच्चे ज्यादा समझदार हैं, पापा भी ठीक कहते हैं। तो क्या मैं ही गलत हूँ...? शायद...। सिर्फ अपने फायदे के लिए...। हम अगली पीढ़ी को क्या शिक्षा दे रहे हैं...। तभी तो परिस्थितियाँ और बिगड़ रही हैं...और आग घर तक पहुँचने लगी है...। सुरभि की जगह अगर उसकी बेटी के साथ भी ऐसा ही होता तब...? घबराहट में करवट ली

तो दृश्य साफ था...व्यवस्था हर जगह बुरी तरह से चरमरा रही है...मैंने जीवनभर जो कमाई की वो किसलिए...अगर मैं अपने बच्चों को सुरक्षित नहीं रख सकता तो क्या फायदा...मगर उसके लिए कौन जवाबदार है...? मैं...हम...सब...। टीवी कार्यक्रम की तरह...। यही हमारे प्रजातन्त्र का स्वरूप है।...तभी तो कचरा पैदा हो रहा है...।

एक बार फिर करवट बदलते ही अपनी ज़िन्दगी की असलियत सामने थी। पूरी ज़िन्दगी आम चुनावों में वोट डालने नहीं गया...सभी पार्टी को बराबर से चन्दा देता हूँ...यही सोच कर कि पता नहीं कौन-सी पार्टी आ जाये...कहते हैं, धन्धे के लिए सबसे बना कर रखना जरूरी है...ऐसे में गुण्डे ही तो आगे बढ़ रहे हैं...। हे भगवान, मैंने तो अपनी सुरक्षा के भय से इन्हें सदा पाला और आज भी पाल रहा हूँ...। मगर आज ये तो खुद मेरे लिए मुसीबत बन गए...। मगर मेरे एक के वोट डालने से क्या होगा...? सारे ऐसा ही सोचते हैं, खासकर पढ़े-लिखे...एक बार फिर पिताजी सामने थे...। वो तो एसोसिएशन के चुनाव में भी मैं शायद इसीलिए जाता हूँ चूंकि अपने आहूजा साहब को जिताना है...मगर क्या हमने आहूजा को इसीलिए नेता बनाया कि उसका लड़का हमारी लड़कियों को छेड़े...? सुनील का चेहरा उभरा तो रुचि की बातें भी सामने थीं।...नहीं। इस बिन्दु पर कोई समझौता नहीं। किसी कीमत पर नहीं। सोच-सोच कर, रातभर करवटें बदलता रहा था। सुबह उठा तो आईने में अपनी शक्ल साफ दिखाई दे रही थी। आज नयी तसवीर उभरी थी।

नाश्ते की टेबल पर पहुँचते ही मोबाइल की घण्टी बजी थी, देखा तो आहूजा जी लाइन पर थे।

"अमित, मैं निकल रहा हूँ। तुम भी जल्दी पहुँचो और हाँ एक काम करना, आते हुए सुनील को भी हमारे घर से ले लेना, तैयार रहने के लिए मैंने कह दिया है, आयेगा तो चुनाव में थोड़ी मदद करेगा..."

"सुना है, सुनील कॉलेज में चुनाव लड़ रहा है..." मैंने जान-बूझ कर छेड़ा था।

"हाँ, सोचता हूँ इसको राजनीति में भेज दूँ। घर से एक नेता होना चाहिए। अपनी बिरादरी से कोई विधानसभा में जाए तो सबको फायदा होगा। नेशनल पार्टी वाले नेता जी कह रहे थे एम.एल.ए. का टिकट दिलवा देंगे, अगले चुनाव में। अनुभव के लिए, तभी तो उसे साथ चलने के लिए कहा है।"

"हाँ हाँ क्यूँ नहीं। मैं उसे ले लूँगा।" बोल कर मैंने फोन रखा था। चेहरे पर दृढ़ता उभरी थी। सामने बैठे पिताजी ने गुस्से में मुझे देखा था। रुचि मुँह बना

कर नाराजगी दिखाते हुए नाश्ते की टेबल से उठ खड़ी हुई थी और बिना खाये कॉलेज जाने के लिए अपने कमरे की ओर बढ़ी थी। सुचि स्कूल जा चुकी थी, नहीं तो कुछ न कुछ कह देती। हाँ, सुमति ने जरूर कुछ नहीं कहा था।

चुनाव में शर्मा जी मिले तो बिटिया के बारे में पूछते-पूछते रह गया था। पूरे दिन चुनाव के दौरान वे चुप थे। देर शाम परिणाम आने तक आहूजा और सुनील जीत के लिए आश्वस्त थे। आत्मविश्वास चेहरे पर बोल रहा था। घोषणा हुई तो एक वोट से हार गए थे। पिछली बार से चार वोट कम मिले थे। दोनों को यकीन नहीं था। देर रात तक यही सोचते रहे कि ये चार वोट किसके हो सकते हैं। लेकिन यह उनके लिए पता लगाना मुश्किल था। मेरे एक वोट की कीमत इतनी ज्यादा हो सकती है, इस बात का मुझे भी अहसास न था।

और फिर सालभर शुक्ला जी ने जो काम किए, उसकी कल्पना भी किसी ने नहीं की थी। व्यवस्थाएँ सुधरने लगीं तो मुश्किलें भी आसान हुई थीं। उधर, कुछ दिनों बाद सुनील भी कॉलेज का चुनाव हार गया था।

"अमित, यह तो ठीक नहीं है।" उसी दिन शाम आहूजा जी का फोन था। बहुत गुस्से में थे।

"क्यूँ, क्या हुआ...?" मैं पूरी तरह शान्त था।

"तुम्हारी बेटी ने सुनील के खिलाफ जम कर प्रचार किया। अपनों के साथ कहीं ऐसा किया जाता है...? सुनील कह रहा है कि इसी कारण वो हार गया..." आहूजा जी की आवाज में तेजी मगर बेचैनी थी।

"अरे आहूजा जी, रुचि अभी बच्ची है, अपने ही घर की, मैं उसे समझा दूँगा..." मैंने आहूजा की भाषा में ही जवाब देना उचित समझा था।

"थोड़ा ध्यान रखा करो। वरना लड़कियों को बिगड़ने में टाइम नहीं लगता।"

"आप चिन्ता न करें। मैं अपनी बेटियों को अच्छी तरह जानता हूँ..." शब्द चबा कर बोले गए थे। सुन कर दूसरी तरफ कुछ देर के लिए चुप्पी रही। इतने सीधे जवाब की आहूजा जी को शायद उम्मीद न थी।

"मेरा फर्ज था बताना, सो बता दिया..." इससे अधिक कुछ बोल नहीं पाये थे। वो गर्मी और अधिकार वाली आवाज आज नदारद थी। और फिर धीरे-से बोल पड़े,

"...अरे हाँ, तुम बहुत दिनों से आये भी नहीं। तुमसे बात करनी थी। अपने लोगों को एक बार कहीं डिनर पर बुला लेते हैं..."

"किसलिए...?"

"अगले चुनाव की तैयारी नहीं करनी...?"

"अच्छा!...किस-किस से बात हो गयी...?"

"सभी से...। सिर्फ शर्मा जी मना कर रहे हैं..."

"क्यूँ? क्या हुआ?"

"पता नहीं। मारो गोली। एक वोट से क्या होता है..."

"एक वोट से क्या होता है...ये आप कह रहे हैं...ये तो बड़ा कीमती है..."

"तो फिर एक के लिए क्या करें, सब को छोड़ दें...?"

"हाँ, अभी छोड़ ही दें तो ठीक रहेगा..."

"क्या मतलब? आजकल तुम भी अजीब ढंग से बात करते हो। कहीं तुम भी शुक्ला के साथ तो नहीं मिल गए?" आहूजा की आवाज में विस्मय के साथ-साथ व्यंग्य भी था।

"नहीं, मैं विकास के साथ हूँ..." यह सुन कर दूसरी ओर शान्ति पसर गयी थी। कुछ देर ठहर कर मैंने फोन काट दिया था। अपनी हिम्मत पर मुझे भी अचम्भा हुआ था। पीछे मुड़ा तो रुचि सामने खड़ी थी।

"मुझे तुम पर नाज है बेटा...अगले साल के कॉलेज चुनाव में तुम चाहो तो खड़ी हो सकती हो..." सुन कर रुचि के चेहरे पर जीत की खुशी उभरी थी। वो आज मुझे समझ रही थी।

मेरी पहचान

आजकल रात में अक्सर नींद नहीं आती थी। रोज कोई न कोई चिन्ता घर कर जाती थी। परिवार फल-फूल रहा था और उसमें सदस्यों की संख्या बढ़ती जा रही थी। दो लड़के व तीन लड़कियाँ, पन्द्रह नाती-पोते फिर उतने ही बहू-दामाद। उनमें से भी कुछ विधवाएँ और कुछ विधुर। फिर उनके आगे भी तकरीबन, शायद तीस-बत्तीस पड़पोते होंगे। उन सबकी गिनती करते-करते, सभी के बारे में थोड़ा-थोड़ा सोचने मात्र से ही रोज मानसिक तनाव हो जाता था। बाईं ओर का पड़ोसी कुरैशी वैसे तो अच्छा दोस्त बनता था मगर उसकी आँखों में भी चमक उठने लगती जब वह अपने परिवार का विस्तार व सदस्यों की संख्या मेरे खानदान से अधिक बतलाता। मुझसे आगे तो उसे जाना ही था, और खुश भी क्यूँ न रहे? पचास का होगा, पहली बीबी के मरते ही दूसरी ले आया था। और फिर दूसरी के आते ही कुरैशी साहब की जवानी लौट आयी थी और परिवार बढ़ने लगा था। बीस वर्ष छोटी थी कुरैशी से। और आज भी सत्तर की बिल्कुल नहीं लगती। सामने ही छत पर दोनों अक्सर दिख जाते। कितने खुश होते थे। इस उम्र में साथ की और अधिक आवश्यकता होती है। जब तक सुशीला जिन्दा थी हम दोनों भी मिल कर चिन्ता बाँट लिया करते थे। तीस वर्ष हो चुके, उसके जाने के बाद से ही एकदम अकेला महसूस करने लगा था। इच्छा तो तब मेरी भी दूसरी शादी की हुई थी। शर्म और धर्म ने रोक लिया था। बच्चों और बहुओं के डर से रुक गया था। अन्यथा आज भी मन में आता कि उस वक्त कर ही लेता तो मुझे भी साथ हो जाता। अब रोज इतने बड़े परिवार में से किसी-न-किसी को कुछ न कुछ, कहीं-न-कहीं होता ही रहता है। सबके लिए अकेले बैठे-बैठे सोचते रहना पड़ता है। अब तीसरे नम्बर की बड़ी बेटी राधिका का पोता दूसरे धर्म की बहू ले आया। बहुत समझाया गया था, मगर नहीं माना। हिन्दुओं में ही दूसरी जाति तक तो कोई परेशानी नहीं थी। दूसरे नंबर के बेटे किशोर के

लड़के ने भी वर्षों पहले बनियों की लड़की से ब्याह कर लिया था। शुरू में तो हो-हल्ला हुआ था मगर चलो हिन्दू है, बात बिगड़ी नहीं थी। अब दूसरे धर्म की लड़की...? हे राम! अब क्या होगा? रात-भर सो न सका था। राधिका को चिन्ता नहीं थी। वह तो खुश थी। बड़ा बेटा और बहू नाराज थे। कहने लगे कि राधिका को कह दो कि हमसे रिश्ता न रखे। सुन कर मुझसे फोन पर ही लड़ने लगी थी,

"अब आप लोग हमें बुलाते ही कहाँ हो? दस साल हो गये हैं। ठीक है, समझ लो सब खत्म हुआ। मरने की खबर भी मत भिजवाना। उस पर भी नहीं आऊँगी।"

सोचते-सोचते सारी रात काट दी थी। बातें सुन कर दुःख हुआ था। बेटी को मुझसे मोह नहीं, अपने पोते की तरफदारी कर रही थी। मगर मुझे अब भी बेटी से प्यार है, पर बेटे से अधिक नहीं। बेटे के साथ जीवन भी तो जीना है। जो वो कहेगा, वही ठीक। बड़ी मुश्किल से यही सोचते हुए, सुबह चार बजे सो पाया था।

"उठो...बहुत सो लिये, आज तो तुम्हें चलना ही पड़ेगा।"

सुबह-सुबह बिस्तर से जबरदस्ती हिला-डुला कर जगाया जा रहा था। हड़बड़ाकर आँखें खोली तो देखा, सामने यमराज अपने दूतों के साथ मुझे उठाने की कोशिश कर रहे थे। घबरा कर उठ बैठा था। वह अपने दूतों को मुझे ले चलने का आदेश देने लगे तो मैं विनती कर बैठा,

"अचानक...कैसे?...मैं तो तैयार ही नहीं हूँ।"

"नब्बे के ऊपर के हो रहे हो। अब क्या शतक लगाना जरूरी है? दाँत टूट चुके हैं। निगला हुआ पचता नहीं। पेट में आँत रही नहीं। ठीक से दिखता-सुनता नहीं। क्यूँ पड़े हो?" यमराज ने समझाने की कोशिश की थी।

"घर में पहाड़ टूट पड़ा है। लड़की का पोता दूसरे धर्म की बहू ले आया है।"

"तो क्या हुआ?"

"आगे की पीढ़ी का क्या होगा? न हिन्दू, न ईसाई। संस्कार, भाषा, भगवान सब अलग हैं। यहाँ तक कि मरने के बाद की व्यवस्था भी भिन्न है।"

"तुम्हें परेशान होने की जरूरत नहीं है। हम लोग सब देख लेंगे। ईसाई यमराज से मैं बात कर लूँगा।" कहकर यमराज मुस्कुरा दिये।

"अच्छा! आप ईसाई यमराज को जानते हो?"

"तुम्हें इस बारे में सोचने की आवश्यकता नहीं," यमराज ने ठहाका लगाया था।

"देखिये, पड़ोस के कुरैशी को उनके अल्लाह ने अब तक बुलाया नहीं। मुझसे

बड़ा ही होगा और आप लोगों को...'' कुरैशी की प्रति मेरी ईर्ष्या खुल कर प्रदर्शित हो रही थी।

''अच्छा भाई, वहाँ भी कह देंगे।'' यमराज अब भी मुस्कुरा रहे थे।

''ठीक है, छोड़ो...मुझे पड़ोसी से क्या लेना-देना? मगर मुझे अपने बड़े लड़के की अगली पीढ़ी तो देखने दो। मेरा खानदान है। लड़की के खानदान से मुझे क्या...?''

अपनी बात पूरी कर ही पाता कि यमराज गुस्से से लाल-पीले होने लगे थे। झिड़कते हुए तेज-तेज चिल्ला कर कहने लगे,

''पिछले दो वर्षों से कोई न कोई बहाना बना कर यहाँ रह रहे हो। तुम्हारा काम ही खत्म नहीं होता। मन भी नहीं भरता। तुम्हारी चाहतों का तो कोई अन्त ही नहीं दिखायी देता। दो वर्ष पहले पड़पोते की शादी का बहाना बनाया था, एक वर्ष पूर्व पड़पोते के बच्चे को देखने के लिए रोने लगे थे। अभी छह महीने पहले आया था तो कह रहे थे कि लड़की हो गयी है। एक लड़का होने दो, बस उसी का इन्तजार है। जैसे कि लड़के से ही खानदान चलता है। और अगर यह सच भी है तो अभी-अभी अपनी लड़की के खानदान के लिए क्यूँ परेशान थे? अब तुम्हारे खानदान में भी पहली बार कोई बहू समझदार आयी है। निकट भविष्य में और बच्चा नहीं चाहती। कम से कम लड़के के नाम पर तो बिलकुल नहीं। अब उसकी सारी उम्र के बराबर और इन्तजार करोगे क्या? बहुत नाटक हुआ। अब कुछ नहीं सुनना। मैं तुम्हारे बारे में सब कुछ जानता हूँ।''

यमराज जोर-जोर से बोल रहे थे। जबरदस्ती करने लगे तो मैंने मनाने की बहुत कोशिश की। रिश्वत तो यहाँ चलती नहीं थी। पिछली बार भी पूजा-पाठ में और चढ़ावा चढ़ाने की बात की थी तो हँस कर कहने लगे थे, ''जो तुम्हारे पास है या जो तुम देना चाहते हो वो मेरे किसी भी काम का नहीं।''

हाँ, हाथ जोड़ कर विनती करने पर पिछली बार मान गये थे। अबकी बार भी हाथों को जोड़ा ही था कि हाथों को पकड़ कर खींचते हुए दूतों के हवाले कर दिया था।

''ले जाओ, इसका मन कभी नहीं भरेगा। लालची और चालाक है।''

यमराज जा चुके थे और यमदूतों ने आदेश का पालन किया था।

जाते-जाते पीछे मुड़ कर देखा तो पाया कि एक टूटा-फूटा शरीर बिस्तर पर बेजान पड़ा था। देखकर बहुत दुःख हुआ था। चलते-चलते थोड़ी देर बाद ऊपर से

पुनः देखा तो बड़ा बेटा-बहू कमरे में आ चुके थे। आस-पड़ोस को खबर दी जा रही थी। रिश्तेदारों को फोन किया जा रहा था। 'आगरा वाले पण्डित के लड़के श्याम नारायण नहीं रहे', यह मेरी पहली पहचान थी। इस सम्बोधन से पुकारने वाले अधिकांश लोग वर्षों पहले दुनिया से चले गये थे। पास के कस्बे में जरूर कुछ लोग आज भी इसी नाम से मुझे जानते थे। शादी-ब्याह, जन्मपत्री के लिए भी सलाह-मशविरा लेने आते रहते थे।

'तिमंजिला मकान वाले पंडित नहीं रहे', शहर के अधिकांश बुजुर्ग अब इसी नाम से पहचानते थे। कस्बे में हमारा पहला तीन मंजिला मकान था। अब तो कई बन गये। कुछ तो चार फ्लोर तक चले गये। कुरैशी ने सबसे पहले बनाया था। तबसे बड़ा लड़का नाराज रहता था। हमारी शान और पहचान खत्म हुई थी। कुरैशी की बढ़ती जा रही थी। सफेद छोटा अलीगढ़ी पायजामा, चेहरे पर विशिष्ट पहचान कराती दाढ़ी और सर पर सफेद गोल टोपी। अलग से दिखता था कि मुसलमान है। तभी से बड़े लड़के ने भी तिलक लगाना शुरू कर दिया था। लम्बा तिलक लगा कर वो, एक हिन्दू पार्टी में तिलकधारी के नाम से मशहूर था। कस्बे के नेता जब 'तिलकधारी के पिता' के नाम से मुझे पुकारते तो बड़ी खुशी होती थी। तिलकधारी के पिता का देहान्त, मतलब नेताजी के घर शोक, मोहल्ले में भीड़ होनी चाहिए। इज्जत वाली बात थी। फिर पोता भी तो बड़ा ठेकेदार बन चुका था, मुन्नाभाई। दादा को पोते से तो वैसे भी प्यार कुछ ज्यादा ही होता है। 'मुन्नाभाई के दादा', इस सम्बोधन को सुन कर मुझे गर्व होता था। मैं चालीस-बयालीस और तिलकधारी बीस-इक्कीस का होगा जब मुन्ना हो गया था। अब तो वो खुद भी पैन्तालीस के ऊपर का होगा और स्वयं दादा भी बन चुका है। इसी की बहू ने तो पहली लड़की के बाद बच्चे के लिए मना किया हुआ है। दोनों पति-पत्नी कमाते हैं और पास के शहर में रहते हैं। सुनते कहाँ थे। कितना समझाया था कि मुझे पड़पोते के लड़के का मुँह दिखा दो। दोनों सुनकर मुस्कुरा देते थे। बस!

अच्छी खासी भीड़ इकट्ठा हो रही थी। मेरे अपने मेरे लिए दुःख प्रकट करने जुट रहे थे। भीड़ देख कर मुझे खुशी हो रही थी। कितनी लम्बी-चौड़ी पहचान है हमारी। कुरैशी से भी ज्यादा। दायीं ओर के पड़ोसी पटेल से तो कई गुणा ज्यादा। कोई नहीं जानता मास्टर को। साठ के ऊपर ही होगा। वो भी खड़ा था, चुपचाप किनारे। मैं तो सदैव, मोहल्ले के हर कार्यक्रम में आगे रहता था। और ये लोग भी, पहले इज़्ज़त देते थे। अलग ऊँची और विशेष पहचान थी हमारी। अब तो इसके

लड़के भी सीना तान कर चलते हैं। पंडित के साथ 'जी' बोलना तो दूर हमारे बच्चों का नाम लेने लगे हैं। पहले तो शान और घमण्ड पर हमारा एकाधिकार था। अब तो ये भी पढ़-लिख कर हमारी तरह ही ज्यादतियाँ करने लगे हैं।

अर्थी की तैयारियाँ शुरू हो चुकी थीं। वहाँ इकट्ठा हुए लोग आपस में बातें कर रहे थे। ऊपर आसमान वालों को अच्छी सुविधा है, देख भी सकते हैं और सुन भी...। सुनने की कोशिश की तो हैरानी हुई। किसी को भी मेरे दुनिया से जाने का गम न था। हाँ, कुरैशी के चेहरे पर डर जरूर था। शायद उसे अब जाने का पूर्वाभास होने लगा था। मगर मेरे अपने, उनकी तो बातें सुन कर आश्चर्य हो रहा था। घर वाले बाहर वालों से दुःख प्रकट नहीं कर रहे थे। उलटे कहा जा रहा था, 'अच्छी लम्बी उम्र जी कर गये हैं। तकदीर वाले थे जो चलते-फिरते गये हैं। फिर पीछे कोई जवाबदारी भी नहीं छोड़ गये। भरा पूरा परिवार है।' सुन-सुन कर बहुत गुस्सा आ रहा था। मुझे तो अभी और जिंदा रहने की चाहत थी। मगर इन लोगों को देखो, मुझे रखने की कोई इच्छा ही नहीं दिखाई देती। खुद इनके जाने का जब वक्त आयेगा, तब देखूँगा सौ-सौ बहाने बनाये जायेंगे।

बेटों पोतों को कोई गम न था। शान्त होकर लोगों के साथ बातें कर रहे थे। देख कर दुःख हो रहा था। अधिक उम्र में मरने के कारण घर में उत्सव मनाये जाने की योजना बनायी जा रही थी। बड़े बेटे को शहर के बड़े नेता के आगमन की प्रतीक्षा थी। यह सब देख-देख कर बड़ा गुस्सा आ रहा था। मेरे पैसों से मेरे ही नाम पर राजनीति की जायेगी और मैं यहाँ...? इससे तो अच्छा होता कि मैं जीते जी अपने पैसे खर्च ही कर देता। बेवजह हाय-तौबा मचा कर जमा किये थे। पूरी जिंदगी जोड़ता ही रहा। अब उस पर ये सब ऐश करेंगे। जीते जी सब कुछ बेटों के नाम कर दिया था। बुरे वक्त के लिए जो थोड़ा बहुत बचाया था, उसमें भी पोतों का नाम डलवा दिया था। और ये सब मिल कर...।

अफसोस और दुःखी मन से चला जा रहा था। वैसे तो रास्ते में अन्धेरा था परन्तु रोशनी की आवश्यकता महसूस नहीं हो रही थी। देख-देख कर यकीन ही नहीं हो रहा था। सब कुछ दिखायी दे रहा था। दृष्टि की कोई सीमा नहीं थी। परन्तु समय और दिशा का कोई ज्ञान नहीं हो पा रहा था। स्वयं को देखने पर पहचानना मुश्किल था। अस्तित्वहीन होकर समय हीनता के साथ, दिशाहीन मार्ग पर जा रहा था। साथ चल रहे यमदूत किसी भी मानवीय भावनाओं से विरक्त दिख रहे थे। फिर से पृथ्वी पर देखा तो मेरी शवयात्रा जा रही थी। आगे-आगे बैंड-बाजे के

साथ-साथ पड़पोते के दोस्त और घर के छोटे बच्चे नृत्य कर रहे थे। हाँ, कुछ बुज़ुर्ग जरूर शान्त मुद्रा में साथ चल रहे थे। रास्ते में पूछा जाता तो कोई कहता 'तिलकधारी के पिता' तो कोई कहता, 'मुन्नाभाई ठेकेदार के दादा' अपना नाम सुनने की इच्छा कर रही थी। कुरैशी भी नाम नहीं लेता था। घर पर मेरी फोटो वाली फ्रेम पर टीका और फूल चढ़ा दिये गये थे। नाम के आगे स्वर्गीय लगाने की तैयारी थी। यह सब देख कर दिल खट्टा होने लगा तो मैंने नीचे पृथ्वी लोक में देखना बन्द कर दिया था।

आस-पास नजर दौड़ाई तो कइयों का अस्तित्वहीन अस्तित्व महसूस तो होता था, मगर समझ कुछ भी नहीं आ रहा था। रास्ते भर किसी न किसी के होने का अहसास तो होता लेकिन पहचानना मुश्किल हो रहा था। ये सब भी मेरी तरह मर कर जा रहे हैं, अंदाज लगाया था। चलते-चलते कुछ समय बीता होगा कि एक बड़े दरबार में पहुँचाकर, एक कतार में खड़ा कर दिया गया था। मुझे वहाँ छोड़ कर दूत अब जा चुके थे। आस-पास पूछताछ की तो कहीं कोई जवाब नहीं था। कतार में आगे वाले से बात करने की कोशिश की तो उसकी ओर से भी कोई प्रतिक्रिया नहीं मिली थी। शायद हिन्दी न आती हो, सोच कर टूटी-फूटी अंग्रेजी में कोशिश की मगर फिर भी उत्तर नहीं मिला था। समझ नहीं आ रहा था कौन किस देश का है? महिला है या पुरुष? पता नहीं कौन है? कहीं...? मन में शंका हुई थी। शरीर के न होने पर अंदाज लगाना मुश्किल हो रहा था। चारों ओर असीम शान्ति थी। खड़े-खड़े सोचने लगा....कहीं पाप और पुण्य का हिसाब तो नहीं हो रहा? स्वर्ग और नरक का निर्णय तो नहीं किया जा रहा? आस-पास नजर दौड़ाई, मगर कोई पूछताछ वाली खिड़की नहीं दिखाई दे रही थी। कोई जुगाड़ कर सकूँ, ऐसी व्यवस्था भी नहीं लग रही थी। यहाँ तो कोई कुछ भी सुनने को राजी नहीं, अन्यथा कुछ कोशिश तो की जा सकती थी। थोड़ी बातचीत करने का मौका मिले तो उलझा कर चालाकी से कुछ करने की सोची जा सकती थी। मगर यहाँ तो कोई जवाब ही नहीं दे रहा था। बड़ा मुश्किल था।

अब क्या होगा? सोच-सोच कर बुरा हाल हो रहा था। सारे सही गलत काम याद आने लगे थे। बेवजह मैंने इतनी सम्पत्ति इकट्ठी कर रखी है, वो सब तो वहीं नीचे रह गयी। बेवजह लोगों को धोखा दिया, दुःख दिया अपने बेटों की खातिर। जो कुछ भी किया, अब उसकी आवश्यकता पर प्रश्नचिह्न लग रहा था। काश! गाँव की विधवा के साथ जबरदस्ती नहीं करता। कितना रोक रही थी...। पूजा करने के

बहाने...हे राम!!...सुशीला याद आने लगी थी, यही कहीं होगी, मिलेगी तो माफी माँग लूँगा। काश! दफ्तर में अपने दोस्त को झूठ बोल कर नहीं फँसाया होता। बेवजह जेल हो गयी थी। सारे बुरे कर्म याद आ रहे थे। बेकार सैकड़ों झूठी जन्मपत्रियाँ बनायीं और भगवान के नाम पर लोगों को लूटा।...परन्तु क्या वो ही सिर्फ गलत कार्य कर रहा था? सारे...दूसरी जाति धर्म वालों ने भी तो अराजकता फैला रखी थी। दिल ने समझाने की, ढाढ़स बँधाने की कोशिश की थी। मन मस्तिष्क का अन्तर्द्वंद्व जोरों पर था।...गेरा फर्ज अधिक है...सत्य वचन की शिक्षा देता रहा, मगर सदैव झूठ का सहारा लेकर। नौकरी हो या पंडितगिरी, जीवन में किये गये अच्छे कर्म को ढूँढ़ने की कोशिश करनी पड़ रही थी।...क्या करें? सारे कलियुग में तो ऐसे ही हो रहा है। आत्मग्लानि शुरू हो चुकी थी...कारण डर था...किसी को तो पहल करनी चाहिए थी। गरीबों और असहाय की ही कुछ मदद कर आता। ब्राह्मण होने की दक्षिणा सारी उम्र लेता रहा, मगर दिया कभी नहीं। काश...! नौकर को ही कुछ दे आता। कम से कम वही खुश हो जाता। आखिरी-आखिरी में बड़ी सेवा की...बातचीत कर लेता था तो दिल हल्का हो जाता था अन्यथा परिवार में किसी के पास बात करने की भी फुर्सत कहाँ होती थी। सोच-सोच कर...मन भारी होने लगा था, कि अचानक देखा...नंबर आ चुका था। सामने से आवाज आयी थी,

"बताएँ, कौन हैं?"

"श्याम नारायण शुक्ल," मैंने तुरन्त उत्तर दिया था।

"समझा नहीं! कौन?" आवाज में आश्चर्य भाव के साथ रूखापन था।

"श्याम नारायण पुत्र बद्रीनारायण शुक्ल, आगरा..." विस्तार से बता पाता कि बीच में टोका गया,

"यह सब नहीं, अपनी पहचान बताइए।"

"हिन्दू ब्राह्मण हूँ, भारत से...उत्तर प्रदेश...से..." समझदारी दिखाते हुए मैं हँस कर बड़े आत्मविश्वास से बोल रहा था। ब्राह्मण जाति का हूँ। यहाँ भी तो जाति-धर्म का असर पड़ता ही होगा। ठीक है होना भी चाहिए...सोच रहा था।

"क्या बोल रहे हो...?" आवाज में क्रोध झलक रहा था।

"इण्डिया, इण्डिया से आया हूँ। इण्डियन प्रीस्ट..." अंग्रेजी में प्रभाव पड़ता है आदत से मजबूर था, सो बोल पड़ा।

"पता नहीं क्या बक रहा है। दो पैर वाला है। इसने भी हमारा बेवजह समय

खराब किया। जितने भी ये पृथ्वी लोक के मानव आ रहे हैं, सभी अपनी पहचान भूल गये हैं। यहाँ पर आकर हमारा वक्त बर्बाद करते हैं। इनसे पूछताछ के कारण लम्बी लाइन लग रही है। इनसे तो अच्छे पृथ्वी के दूसरे जानवर, पेड़-पौधे, पशु-पक्षी और कीड़े-मकोड़े हैं, जो एक बार में ही अपनी सही पहचान बताते हैं। जब हम इनके बारे में सब कुछ जानते ही हैं...तो हमें कम से कम इन मानवों से तो पूछना ही नहीं चाहिए...बिलकुल अज्ञानी हैं अब अपनी पहचान छोड़ कर पता नहीं क्या-क्या बताते रहते हैं...?"

काउण्टर वाला शायद बगल वाले को कह रहा था। सुन कर मैं समझ तो गया फिर भी नासमझ बने रहने की कोशिश में खड़ा रहा।

मुझे तुम्हारी छत चाहिए

"अम्मा, दोपहर में रोड वाले ठेकेदार के साथ मोटरगाड़ी में कोई साहब आये थे। उनके सामने मुंशी चाचा ने बहुत चिल्ला-चौंट मचाई। रोज तो आपसे फुसला के बात करते हैं, आज कहने लगे, यहाँ से भागो।" श्यामा सुबह के तीन घर के बर्तन-झाडू करके अभी आयी ही थी कि सुनीता ने दौड़ कर उससे लिपटते हुए कहा था। श्यामा ने सिर पर पल्ला ठीक किया और साड़ी के किनारे को ढंग से कमर में खोंसने लगी थी।

"साला, हरामी...ये रोड क्या उसके बाप की है? किनारे तो बैठे हैं, शाम होते ही घर चले जाएँगे। कौन यही सोयेंगे। अबकी बार आए तो बोलना मेरे से बात करेगा।" बोल कर श्यामा ने जमीन पर बिछी चादर पर बैठ कर अपने दोनों पैर फैलाए थे। एक लम्बी सांस ली थी। थकावट होने पर दिन में सुस्ताना जरूरी है। दो मिनट बाद ही बेटी के बाल खोले और उसे सँवारने लगी थी। चोटी बनाती, तब तक अनीता भी पहुँच चुकी थी। उसकी बड़ी बेटी। सुनीता ने तुरन्त पेड़ पर चढ़कर खाने की पोटली उतारी और फिर तीनों ने मिल कर खाना खाया था। पास के मंदिर वाले नलके से सुनीता पहले ही दो बोतल में पानी भर लायी थी। आज रोटी के साथ सिर्फ चटनी थी आलू नहीं था तो सुनीता ने एक रोटी कम खायी थी। भुने हुए आलू पर अम्मा जब नमक और थोड़ी मिर्ची डालती है तो उसे मज़ा आ जाता है। अम्मा ने बताया था, एक घर से पैसे मिले हैं शाम आलू खरीदेगी और फिर कल सब्जी बनायेगी, प्याज के साथ। सुनकर सुनीता के मुँह में अभी से पानी भर आया था। कुछ देर सुस्ता कर श्यामा एक बार फिर सामने के पहले घर में बर्तन माँजने निकलने लगी तो रोड के किनारे एक कार पास आकर रुकी थी। गाड़ी में से सूट-बूट में एक आदमी उतरा, चेहरा कुछ-कुछ जाना पहचाना था, पास आकर उसकी ओर देख कर कहने लगा।

"मेरे घर में काम करोगी, खाना बनाने और बर्तन साफ करने का...?"

"कौन-सा घर है आपका साहब?"

"वो सामने वाली बिल्डिंग में, ऊपर वाला..." साहब ने इशारे से बिल्डिंग समझाने की कोशिश की थी।

"अच्छा वो, आपके नीचे वाले घर में तो मैं काम करती हूँ..."

"हाँ हाँ, तभी तो मैं आया हूँ..."

"कितने लोग हैं घर में...?"

"बस मैं, अकेला..."

"अभी तो मैं खाली नहीं हूँ साहब, होगा तो देख के बताऊँगी।"

"पैसा जो तुम्हारा बनता है उससे कुछ अधिक दे दूँगा।...कोई और हो जान-पहचान वाली बाई तो वो भी चलेगी। थोड़ा जल्दी, जरूरी है..."

"ठीक है, देखती हूँ साहब..." कह कर वो अपने बच्चों की ओर मुड़ी थी। वो भी वापस मुड़ कर गाड़ी में बैठ कर चल दिया था। श्यामा कुछ सोच कर मुस्कुराई और फिर अनीता को भेज कर खुद भी काम के लिए तेजी से आगे बढ़ी थी। दोपहर बाद के पहले काम के लिए उसी बिल्डिंग में तो जाना था जहाँ ऊपर ये साहब रहता है। नीचे वाली मोटी मैडम से बात छेड़ेगी...सोचते हुए उसने शाम के काम की पहली बेल बजाई थी। कुछ देर बाद ही दरवाजा खुला था,

"श्यामा, आज बर्तन नहीं है। खाना नहीं बनाया था। ठीक है? कल आना..." मोटी मैडम ने बिना जवाब सुने दरवाजा अन्दर से बन्द कर लिया था। श्यामा एक मिनट के लिए समझ न पायी, पीछे मुड़ी तो अन्दर की आवाज सुन कर ठिठकी थी।...अच्छा तो कोई आया हुआ है,...वहीं मूँछ वाला।...मोटी मैडम का घरवाला जब भी शहर से बाहर जाता है तो ये मूँछ वाला जरूर आता है, और मेम साहिब फिर काम नहीं कराती।...सोचती है, कोई नहीं समझता।...कॉलोनी में सब जानते हैं। और फिर दूसरी मैडम लोग श्यामा से पूछती भी हैं...और वो हमेशा 'पता नहीं' कहकर चुप कर जाती है। सोच कर श्यामा एक बार फिर मुस्कुराई थी...मेम साहिब को भी क्या पड़ी है, अच्छा खासा घरवाला है, सचमुच...पागल है...। सोचते हुए वो बगल की कोठी में आज जल्दी पहुँच गयी थी। ऊपर छत वाले साहब की बात बतानी थी।...सुना था, इसी साहब का तो अपनी औरत से झगड़ा हुआ था।...कोर्ट-कचहरी भी चल रही है।...पहले अपनी औरत को भगा दिया, अब खाना नहीं मिल रहा तो नौकरानी को ढूँढ़ रहा है।...साले सभी आदमी एक से

होते हैं।...श्यामा ने दूसरे घर की बेल बजाई थी, दिमाग में कहानी सुनाने-सुनने का उतावलापन था। दरवाजा खुला तो मैडम थीं।

"तू इतनी जल्दी आ गयी? अभी तो साहब ने खाना भी नहीं खाया। तू बाद में आना।" और दरवाजा बन्द कर लिया गया था।...पता नहीं, चश्मे वाली मैडम अपने साहब के सामने उसे घर में आने क्यूँ नहीं देती। वो क्या उसको खा जाएगी ? थोड़ी शक्की लगती है। साहब पर हमेशा रौब दिखाती है।...नजर भी रखती है। और श्यामा वापस सड़क पार कर रही थी। तीसरे घर पर काम के लिए अभी टाइम था। सोचा, सुनीता के पास थोड़ी देर बैठेगी।...यहाँ वो पिछले दस साल से काम कर रही है। सभी घर की मैडम लोग के उसने नाम रखे हुए हैं, अपनी सहूलियत के लिए। कोई चश्मे वाली, तो कोई पूरब की, कोई ऑफिस वाली तो कोई पैण्ट वाली। ये उनके खास गुण और पहचान हैं। श्यामा पढ़ी-लिखी तो थी नहीं, मैडम शर्मा, मैडम वर्मा नाम से मेम साहिब लोगों को पुकारना मुश्किल है। सामने-सामने तो सभी को भाभी कहती लेकिन, पीठ पीछे पहचान वाला नाम जोड़ देती। बच्चे भी इन्हें इसी नाम से जानते हैं। श्यामा अक्सर काम पर जाते समय यही नाम बता कर जाती है। बस, उस छत वाली को कभी नहीं देखा था, जिसका साहब अभी काम पूछ कर गया था। सुना है, छत वाली मैडम सुबह जल्दी निकल जाती और रात देर से आती थी। कहीं अच्छी नौकरी पर थी। उसके कोई बच्चे नहीं थे। घर पर दिन-भर ताला रहता। श्यामा के बच्चों ने भी उस मैडम को नहीं देखा था जबकि यहीं रोड किनारे इस पेड़ के नीचे दिन में सोते और खेलते बड़े हुए हैं। बीच-बीच में श्यामा अपने बच्चों को देख जाती है। दिन में खाने के लिए और आधे घंटे की नींद के लिए भी वो यहाँ आती है। कुछ साल पहले तक सुनीता जब बहुत छोटी थी तो उसे बड़ी बेटी अनीता सँभालती थी। पर अब वो खुद भी माँ की तरह काम पर जाने लगी है। सामने वाली कॉलोनी के दो घर पकड़ लिए हैं। बच्चे सँभालने के और बर्तन के। घर देख कर श्यामा ने लगाया था। दो बातें जरूर देखी थीं...घर पर कोई जवान लड़का नहीं होना चाहिए, और मैडम सख्त होनी चाहिए। नहीं तो घर में काम करने वाली लड़की जात की हालत वो जानती थी। अकेले आदमी वाले घर में तो कभी नहीं भेजेगी। क्या पता आदमी लोगों का?...तभी तो छत वाले साहब के घर के लिए उसने हाँ नहीं की। उसकी बीवी साथ रह रही होती तो अनीता को ही लगा देती।

सुनीता अम्मा को वापस आते देख खुश हुई थी। चादर को साफ कर अम्मा

के साथ जैसे ही लेटी तो नीचे के नुकीले पत्थर ने उसकी मुलायम त्वचा को एक बार फिर छेड़ा था। एक मिनट के लिए कराह उठी। इतने साल हो गए फिर भी कोई-न-कोई पत्थर तो कभी कोई लकड़ी या कांटा फटी हुई पुरानी चादर से निकल कर उसे तकलीफ देने लगता है। छोटी थी तो दर्द के कारण रो पड़ती थी। बड़ी बहन उसे खिलाने की पूरी कोशिश करती मगर वो रोती रहती। दिन में अम्मा आती और उठा कर जैसे ही गोद में लेती तो वो चुप हो जाती थी। अनीता मज़ाक में कहती, "अम्मा, तेरी लाड़ली है देख, सिर्फ तेरी सुनती है। मैं तो इतनी देर से खिला रही थी पर मेरी तो मानती ही नहीं।" अब वो भी क्या करे? उसकी गोद भी इतनी बड़ी कहाँ थी कि छोटी बहन को गोदी में ले सके। न ही उसे इतनी समझ थी कि छोटे बच्चे को नीचे जमीन पर कुछ गड़ रहा होगा। तब खुद भी तो सात-आठ साल की रही होगी।

अगले दिन सुनीता को खाना खाने का बेसब्री से इन्तजार था। अम्मा ने सुबह जल्दी उठ कर उसकी पसन्द की सब्जी बनायी थी। दोपहर अभी चढ़ रही थी कि एक मोटरसाइकिल की आवाज दूर से पास आकर रुकी। सुन कर सुनीता उठ कर बैठ गयी थी। मुंशी चाचा थे। ध्यान आगे गया तो देखती है, रोड बनाने वाली बड़ी-बड़ी मशीनें पीछे-पीछे चली आ रही थीं।

"चल हट यहाँ से, हट। काम होना है यहाँ पर। फुटपाथ बनेगा।" मुंशी ने एक मजदूर को उसे हटाने के लिए कहा था। सुनीता सुनते ही जोर-जोर से रोने लगी थी। मगर तब तक दैत्याकार मशीन पास आकर खड़ी हो चुकी थी। उसके शोर में उसकी आवाज कहीं दब रही थी। मशीनों ने रोड किनारे खुदाई शुरू की तो धूल आसमान पर छाने लगी थी। रोते हुए भी सुनीता नहीं हटी तो मुंशी को गुस्सा आया था। तैश में आकर उसने एक चांटा जड़ा और चादर उठा कर पीछे फेंक दी थी।

"क्यों हल्ला मचा रही है? पीछे हट, काम करने दे। कब्जा कर लिया है, ज़िन्दगीभर यहीं रहेगी क्या..."

सुनीता हार मानने वाली नहीं थी। और जोर से चिल्लाकर रो पड़ी, "वो हमारा खाने का डिब्बा ऊपर पेड़ पर...रखा है..."

"तेरा डिब्बा, क्या हम खायेंगे? जा अपनी अम्मा को बुला ला।" शब्दों में तीखापन था। और सुनीता रोते हुए उन घरों के सामने पहुँच गयी थी जहाँ उसकी अम्मा रोज काम के लिए जाती थी। इतने बड़े-बड़े घरों के अन्दर सड़क की आवाज़ कहाँ पहुँच पाती? फिर क्या पता, कौन-सी बिल्डिंग की किस मंजिल में वो हो। पूरे

आधे घंटे बाद श्यामा एक घर से निकली तो सुनीता के रोने की आवाज सुनकर घबराई थी। रोते-रोते अब तक थक चुकी सुनीता अम्मा को देखते ही एक बार फिर जोर से रोने लगी थी। बताने पर, श्यामा को समझने में देर न लगी। वो दौड़ते हुए वहाँ पहुँची, देखती है इतने सालों से जिस जगह पर उसके बच्चे खेलते-कूदते बड़े हुए हैं, अब वहाँ कई सारे मजदूर और मशीनें लगी पड़ी थीं। एक मिनट में ही उसका गुस्सा छिटक कर कहीं दूर जा चुका था। क्या करती और कौन सुनता? यह कोई इसकी जमीन तो है नहीं। लेकिन बच्चा है, सड़क के किनारे चुपचाप बैठा ही तो है। वो कुछ बोलती, उससे पहले ही मुंशी ने पास पहुँच कर प्यासी निगाहों से उसके शरीर पर एक भरपूर दृष्टि डाली थी। श्यामा ने पल्ले को ठीक किया तो वो कहने लगा, ''सुनीता की माँ, मैं तो इसे कब से कह रहा हूँ, थोड़ा पीछे हट जा। मगर सुनती नहीं। अब यहाँ काम चलेगा दो-चार महीने। फुटपाथ और पार्क बन रहा है।''

''हमने क्या करना है उसका..?'' श्यामा बुदबुदाई थी।

''एमपी फण्ड से बन रहा है। तेरी जगह साफ और सुन्दर हो जाएगी...फिर आराम से लेटना...।''

''हमारे घर वाली रोड क्यूँ नहीं बनाता एमपी...वो तो अभी भी कच्ची है।''

''वो रोड भी बनेगी। मैं करवा दूँगा। ऊपर तक पहचान है। तू चलती क्यों नहीं मेरे साथ, एक दिन? अच्छा मैं शाम को आऊँगा...फिर बात करेंगे।'' और उसने कुटिलता से देखा तो श्यामा ने नजर फेरते हुए 'भूखा कहीं का' बुदबुदाई थी। कितने सालों से उसके पीछे पड़ा हुआ है...कमीना कहीं का...! तब से, जब से गांव से अपने आदमी के साथ वो शहर आयी थी। इसी मुंशी के पास तो सड़क बनाने वाला काम करती थी। अनीता के होने पर ही काम छोड़ा था। एक घर का काम बहुत मुश्किल से मिला था, एक साथ की गांव वाली ने लगवाया था। इस हरामी को बहुत तकलीफ हुई थी...कितनी भी गालियाँ दे दो, शर्म नहीं आती करमजले को...बेशर्म कहीं का...! उसने उसके सामने सुनीता से पेड़ पर चढ़ कर, ऊपर लटक रहे खाने के डिब्बे को उतारने के लिए कहा था। एक हाथ में डिब्बा और दूसरे हाथ से सुनीता को पकड़े, तुनक कर खोदी गयी मिट्टी के ढेर के ऊपर से जाने लगी तो अचानक एक पत्थर उसके पैरों की उँगलियों से टकराया था, उबड़खाबड़ रोड पर चलने की आदत क्या कम हुई, जोर से चोट लगी तो वो कराह उठी थी मगर चेहरे पर नहीं आने दिया था। वो मुंशी देखता तो पैर पकड़ कर दबाने लगता। हमेशा शरीर छूने

के चक्कर में रहता है, भडुआ...।

"कहाँ जा रही है मन्दिर के पीछे की जगह में मजदूरों का टैण्ट लगा है। वहाँ खा लेना।" मुंशी ने बड़े प्रेम से बोला था।

"तू परेशान मत हो, मेरे को मालूम है..." बोल कर वो सुनीता के साथ रोड पार कर गयी थी। रोड पर खड़े होकर दोनों ओर दूर तक देखा, कहीं कोई खाली जगह नहीं, पेड़ भी नहीं। रोड के किनारे से लगी हुई थी कोठियों की दीवार। कहीं-कहीं झाड़ियों की फेन्सिंग भी थी। मगर ऐसी खाली जगह कहीं नहीं थी जहाँ दो मिनट बैठा जा सके। जो थी, वो थोड़ा दूर थी। घर भी दूर था। अब कहाँ रहेगी उसकी बच्ची दिन में? सोच कर वो घबराई थी। बहुत देर तक यूं ही खड़ी रही थी। अनीता पहुँची तो नजारा देख वो भी परेशान हुई थी। उस शाम तीनों बेमन से घर आये थे। दोपहर में खाना भी नहीं खाया था। लगा, मानो दिन वाला घर उजड़ गया हो। बिना दीवार-छत वाले उस घर से प्यार हो गया था। जगह अपनी-सी लगती। लेटो तो ऊपर पेड़ और कहीं-कहीं से झांकता आकाश। सिर्फ बरसात में थोड़ी दिक्कत होती। वो भी तब, जब पानी तेज़ गिरता। तब सुनीता भाग कर पास वाले मन्दिर के दीवार से सट कर खड़ी हो जाती, और बन्द होते ही वापस। गर्मी में तो पेड़ की छांव और ठण्ड में धूप सेकने में मजा आता। मगर अब बेटी को कहाँ छोड़ कर जाएगी? सोच-सोच कर श्यामा का दिमाग भन्ना रहा था। सुनीता अभी छोटी है। घर पर छोड़ नहीं सकते। उसका बाप कौन-सा कम है उधर सड़क किनारे कोई जगह नहीं। चारों ओर बड़े-बड़े मकान, कोठियाँ, ऊँची-ऊँची इमारतें। क्या करे, ये मैडम लोग घर के अन्दर छोटे बच्चों को लाने भी तो नहीं देती। दो-तीन साल और हो जाते, सुनीता भी दस की हो जाती तो किसी न किसी के घर में लगा देती। मगर तब तक?...यह एक बड़ा सवाल था।

दो दिन तक ठीक से घरों में काम नहीं कर पायी थी। कभी सुनीता को बाहर की सीढ़ी पर बिठाती तो कभी सड़क पर खड़ा रखती। पूरा दिन टेंशन में रहती। सड़क पर आती-जाती गाड़ियों का भी डर बना रहता। उधर, सुनीता भी खड़े-खड़े थक जाती। खाना भी रोड किनारे एक झाड़ी में घुस कर खाते। ठीक से बैठते भी नहीं बनता। श्यामा दोनों बेटियों के संग तीसरे दिन शाम घर पहुँची तो सुनीता थक कर चिड़चिड़ा रही थी। मुंशी उसके आदमी के साथ आज फिर शराब पी रहा था। सुनीता रोती-रोती अपने बाप के पास पहुँची तो उसने उसे झपट कर एक तमाचा जड़ दिया था। और फिर शराब पीने लगा। श्यामा थकी तो थी ही गुस्से में शराब

की बोतल और गिलास उठा कर फेंक दिये तो नशे में कमजोर और बीमार आदमी ने उसे भी दो तमाचे लगाये थे,

"साली, दिन-भर ऐश मारती है और मैं थोड़ा पीता हूँ तो ऐंठती है, तेरे बाप की तो नहीं पी रहा। अपने दोस्त की पी रहा मैं..." भद्दी-भद्दी गालियाँ सुनते ही श्यामा के सब्र का बाँध टूट गया था। इतने सालों से इस शराबी आदमी को खिला रही है, मार भी खा रही है, गाली भी सुन रही है। मगर बिटिया पर उठाया गया तमाचा बर्दाश्त नहीं कर पाई थी, चीखने लगी,

"भाग जा यहाँ से, अपनी बच्ची पर हाथ उठाता है"

"मेरी काहे की बच्ची...पता नहीं, किसकी है..." नशे में नियन्त्रण नहीं होता। ये शब्द सुनते ही श्यामा ने अपना जो विकराल रूप दिखाया तो मुंशी भी खड़ा हो गया था। धक्का देकर तमाचों से मारती हुई अपने आदमी को सड़क पर दौड़ा दिया था। पीछे-पीछे मुंशी था। थोड़ी दूर जाकर श्यामा का आदमी खड़ा होकर मुंशी का इन्तजार करने लगा, शराब के बिना कैसे रहता?

"मरने दे साली को तू चल मेरे साथ, अड्डे पर बैठेंगे। मैंने नहीं रहना इस साली के साथ, कु..." और वो मुंशी को पकड़कर साथ ले गया था। माँ-बाप की लड़ाई देख दोनों बच्चे सहमे हुए थे। सुनीता का रोना बन्द हो चुका था। श्यामा कुछ देर तो गुस्से में बैठी रही फिर सुनीता को पास बुला कर भरपूर प्यार किया था। अनीता भी बगल में आकर बैठ गयी थी। खाना बनाने का मन नहीं था। सुबह की बची रोटी अचार से बच्चों को दी थी। खुद चाय बना कर पी थी। और फिर जमीन पर लेट गयी।

देर रात किसी ने दरवाजा खटखटाया था। तब तक श्यामा साड़ी उतार चुकी थी। पेटीकोट और ब्लाउज में अस्त-व्यस्त थी। शरीर थक कर चूर-चूर हो रहा था। मगर अब तक सोई नहीं थी। हड्डियाँ सख्त हो रही थीं। बच्चे गहरी नींद में सो चुके थे। उसने दरवाजे की फांट में से झांका, बाहर अँधेरा था। ध्यान से देखा तो मुंशी अकेला था। उसने फिर भी एक बार पूछा था,

"कौन?"

"मैं मुंशी, तेरा आदमी तो..." मुंशी फुसफुसाया था। कोई और दिन होता तो श्यामा दरवाजा नहीं खोलती, कम से कम इन कपड़ों में तो बिलकुल नहीं, जिसमें बहुत कुछ दिख रहा था। यही तो मुंशी क्या, हर दूसरा आदमी हर वक्त चाहता है। उसके सुंदर शरीर को देखना, छूना...और...। श्यामा जानती थी कि वो खूबसूरत

है, तंग आ चुकी थी लोगों की निगाह से, थक चुकी थी छुपाते-छुपाते,...और फिर किसके लिए, उस हरामी के लिए...सोचते ही शरीर का खून खौलने लगा। अब बहुत हो गया और...आज उसने धीरे से दरवाजा खोला और फिर चप्पल से जो मुंशी के चेहरे पर दो हाथ जड़े तो वो हड़बड़ा कर तुरन्त वहाँ से भागा था। सोच कर तो आया था कि श्यामा ने अपने आदमी को भगा दिया है, अब शायद...मगर यह अप्रत्याशित था। श्यामा ने बीस कदम तक उसका पीछा किया था, साथ ही चिल्लाती जा रही थी, "मर गया मेरा आदमी, और अगर लौटाकर आया तो मैं उसका गला दबा दूँगी। साला, बच्चों पे हाथ उठाता है...और तू बड़ा सयाना बनता है, अपनी माँ-बहन, के पास क्यूँ नहीं जाता, भडुए...आ मैं तेरी सारी गर्मी उतारती हूँ, हरामी..."

मुंशी अन्धेरे में गुम हुआ तो श्यामा ने तेजी से वापस आकर दरवाजा अन्दर से बन्द किया था। और फिर बहुत देर तक रोई थी। शोर से अनीता उठी और फिर अम्मा के वापस आते ही फिर सो गयी। सुनीता को होश न था। घण्टे भर बाद श्यामा के आँसू रुके तो अगला दिन फिर सामने खड़ा था। सुनीता आज बिलकुल नहीं मानेगी, उसे पता था। थके दिमाग में अचानक एक बात उसके दिमाग में आयी तो उसने कुछ देर उस पर विचार किया था। हर तरह से सोचा, बात कुछ-कुछ ठीक लगी थी।...अगर ऐसा हो जाता है तो...सोचकर ही उसके शरीर में नयी ऊर्जा का संचार हुआ था। मुसीबत के नये पहाड़ से निकलने का और कोई रास्ता भी तो नहीं सूझ रहा था। अपने शराबी आदमी को घर घुसने नहीं देगी, पहले ही सोच लिया था...ऐसा पियक्कड़ किस काम का।

आज सुबह वो काम पर थोड़ा जल्दी पहुँची थी। देखा, मुंशी तन कर वहीं रोड पर खड़ा था। उसने उसे घूर कर देखा, तो मुंशी ने नज़रें चुराई थीं। अनीता को उसके काम पर भेज कर श्यामा बड़ी फुर्ती से सामने वाली बिल्डिंग के दूसरे माले पर पहुँची। पूरी रात सोचकर आयी थी कि क्या बोलेगी। जानती थी, कोई और बाई लगने को तैयार क्यूँ नहीं? साहब अकेला जो रहता था। काम वाली बाइयों के लिए भी यह बड़ी मुसीबत है। दुनिया दिखाने के लिए मुश्किल हो जाती। काम करने वाली बाइयों के आदमी लोग पसन्द नहीं करते। रोज घर में किच-किच। अब मेरा आदमी तो है नहीं, मर जाये तो ज्यादा अच्छा है फिर ऐसे आदमी का फायदा भी क्या?...और फिर कुछ सोच कर ही श्यामा ने आज इस साहब के घर आने की खुद पहल की थी। सुनीता साथ थी और बड़ी हिम्मत जुटा कर उसने दरवाजे पर लगी घंटी बजायी थी।

घबराहट हो तो रही थी मगर छुपाने की कोशिश में थी। कल सभी मैडम लोगों से पूछा तो सभी ने उसको मना किया था। डराया भी था,...अकेला आदमी है...गलत काम करवाएगा, तभी तो ज्यादा पैसे देने की बात कर रहा है।...ज्यादा पैसे की जगह वो उससे कुछ और माँगेगी, देता है तो ठीक है, नहीं तो मना कर देगी। सोच कर ही आयी थी।...और फिर मुंशी और उस शराबी आदमी से तो अच्छा ही होगा। इसी बात ने उसकी हिम्मत बढ़ाई थी।...दूसरी बार घंटी बजाई तो साहब ने दरवाजा खोला था। कुर्ता-पायजामा में पहचानना थोड़ा मुश्किल हुआ था। ऊपर से उसके हाथ में आटा लगा हुआ था, शायद खाना बना रहा था।

"हाँ, बोलो..?" देख कर वो सकपकाया था।

"मैं आपके घर में काम करने को तैयार हूँ मगर मेरी बेटी मेरे साथ रहेगी। और जब मैं दूसरे घर में काम करने जाऊँगी तो यहाँ दिन में आपकी छत पर ऊपर रहेगी, मँजूर हो तो बोलो।" एक झटके में श्यामा बोल गयी थी।

"हाँ-हाँ, क्यूँ नहीं..." और उसने बिना कुछ ज्यादा पूछताछ किये, पूरा दरवाजा खोल कर उसे अन्दर आने के लिए कहा था, "...पैसा जो चाहो, बता दो। मुझे मंजूर है।...चाहो तो अभी से काम शुरू कर सकती हो..." श्यामा के लिए यह अप्रत्याशित था। इतनी जल्दी ये साहब इतनी बड़ी बात मान जाएगा, विश्वास नहीं था। उसने साथ खड़ी बेटी की ओर देखा और फिर उसे पकड़ कर घर के अन्दर घुसती चली गई थी। उसने देखा, रसोई बिखरी पड़ी थी। दो-चार बर्तन, वो भी गंदे और जल कर काले हो रहे थे।

"पैसे का बताया नहीं..?" रसोई के दरवाजे पर खड़े-खड़े उसने पूछा था।

"बाकी घर में एक टाइम का खाना और बर्तन का सात सौ का रेट है। आप अकेले हैं इसलिए मैं पाँच सौ लूंगी।" बेटी को छत पर रहने देने का भी वो हिसाब में जोड़ रही थी। मगर बोली नहीं।

"और रात के खाने का...?"

"रात को तो मैं रुक नहीं सकती हाँ बोलो तो शाम को बना जाऊँगी।"

"ठीक है..." कह कर उसने हाथ धोकर रसोई से छुट्टी ली थी।

श्यामा ने दो दिन में ही काम समझ लिया था। सुबह खाना बनाना और बर्तन की सफाई। शाम रात का खाना बना कर ही घर वापस लौटती।

धीरे-धीरे ही सही, मगर कुछ दिनों में ही सुनीता उस आदमी से हिल गयी थी। जब अम्मा घर पर काम करती तो वो भी घर के अन्दर ही रहती। जो वो खाता,

वही बच्चे को भी देने को कहता। इस बात ने श्यामा को बहुत प्रभावित किया था। सुनीता की खुशी का अब ठिकाना नहीं था। रोज दाल, सब्जी और चावल खाने को मिलता। कभी पूड़ी-परांठा बनता तो उसकी दीवाली हो जाती। सुनीता उसके ऑफिस जाते समय रोज बाय-बाय करती और फिर जब श्यामा दूसरे घर में काम पर जाती तो वो छत पर आराम से रहती। दिन में अनीता वहीं छत पर आ जाती और वो तीनों माँ-बेटियाँ, दीवार व पानी की टंकी की छांव में बैठ कर खाना खातीं। धूप में पानी की टंकी के नीचे वाली जगह पर ठण्डक रहती। सुनीता वहीं लेट जाती। यहाँ उसे अब पत्थर भी नहीं चुभते थे।

"अम्मा, यहाँ तो बड़ा अच्छा है। अंकल कितने अच्छे हैं।" एक दिन उसने कहा था। श्यामा को भी कोई दिक्कत नहीं थी। साहब कभी कुछ नहीं बोलता। जितना जरूरी है, उतना भी पूछने पर बोलता। हाँ, जब भी श्यामा उसकी ओर देखती तो पलक झपका लेता।...अच्छा शरीफ आदमी है, ये कॉलोनी की औरत लोग कुछ भी बोलती थीं। धीरे-धीरे वो साहब को समझने लगी थी। कभी-कभी घर की सफाई भी कर देती। जब भी उसके पसन्द का खाना बनाती, वो डट कर खाता। श्यामा जो भी सामान मँगाती, उसी दिन घर पर ला देता।...धीरे-धीरे घर कब उसे अपना लगने लगा, उसे पता ही नहीं चला। और एक दिन मोटी मैडम ने छेड़ दिया था,

"श्यामा, आजकल तू बड़ा खुश रहती है। सज-धज कर भी आती है। लगता है, ऊपर वाला साहब सुनीता का बड़ा ध्यान रखता है..."

श्यामा समझ न पायी थी, "अच्छा साहब है। कुछ बोलता ही नहीं। जो बना दो, खा लेता है।"

"फिर अपनी औरत को क्यूँ निकाल दिया था? उससे तो रोज लड़ता था..."

"मेरे को तो मालूम नहीं...पर मेरे को लगता है कि औरत ठीक नहीं होगी।"

"क्यूँ? इतनी सुंदर और पढ़ी-लिखी थी..."

"पर लगता है, अपने आदमी को प्यार नहीं करती थी, घर में खाना भी नहीं बनाती थी। असल में भाभी जी, मेरे को ऐसा लगता है होटल का खाना साहब को पसन्द नहीं..."

"तेरे को बड़ा मालूम है, लगता है, तेरे से सब बात करता है..."

"नहीं बात तो नहीं करता, बस मेरे को ऐसा लगा..."

"क्यूँ, दिन-भर उसके घर में अकेले, दरवाजा बन्द करके रहती है। कुछ तो बात करती होगी। वो आदमी इतना शरीफ तो नहीं...। श्यामा...लोग तेरे बारे में

बात करते हैं..."

"मेरे बारे में क्या बोलते हैं, मेरे को पता नहीं मगर तेरे बारे में मेरे को सब पता है..." श्यामा अचानक उठ खड़ी हुई थी। काम करना छोड़ दिया था। "...और सब उस मूँछ वाले की तरह, जो छुपकर आता है, नहीं होते। और न ही मैं तेरी तरह घर बन्द करके रखती हूँ। तू अपना देख..."

"जुबान चलाती है.." मोटी मैडम चिल्लाई थी।

"अभी तो जुबान चलाई है मेरे साहब को कुछ बोली तो चप्पल भी चलाऊँगी..."

"निकल जा यहाँ से, मुझे पता है तुम जैसों का..."

"तुमसे अच्छे हैं। तू क्या निकालेगी, मैं खुद जा रही यहाँ से..."

बात बिगड़ चुकी थी। गुस्से में श्यामा छत पर जाकर ही रुकी थी। और फिर कुछ देर तक बड़बड़ाती रही।

"क्या हुआ अम्मा...?"

"कुछ नहीं।" और उसने आँखें बन्द कीं तो साहब का चेहरा उभरा था।...कुछ बोलता ही नहीं।...कुछ माँगता ही नहीं...और वो उसके बारे में सोचते-सोचते कब सो गई पता ही नहीं चला, सुनीता नहीं जगाती तो वो उठती नहीं,

"क्या हुआ?"

"अंकल वापस आ गए।"

"अच्छा...! इतनी जल्दी!" श्यामा हड़बड़ाकर उठ बैठी थी।

"मगर कुछ बोल नहीं रहे। आते ही लेट गए..."

"क्यूँ क्या हुआ? तूने पूछा नहीं।"

"बोल रहे हैं, सिर दुःख रहा है।"

"क्या!" सुन कर वो दौड़ती हुई नीचे पहुँची तो वो अन्दर के कमरे में लेटा हुआ था।

"आज कुछ मत बनाना, मेरी तबीयत ठीक नहीं। चाहो तो तुम लोग जल्दी चले जाओ।"

"नहीं, नहीं। मैं ऐसे कैसे चली जाऊँगी..." वो आज धड़धड़ाते हुए अन्दर पहुँच चुकी थी और उसने परवाह किये बिना उसके सिर पर हाथ रखा तो वो जल रहा था। "आपको तो बुखार है। मैं चाय बनाती हूँ...दवाई ली क्या...? सिर पर ठंडी पट्टी रखने से ठीक होगा,...सिर दबाऊँ..." वो बोलती चली गयी थी।

"नहीं-नहीं, तुम परेशान मत हो।" उसकी आँखों में दर्द उभरा था। श्यामा आज उसे पढ़ सकती थी। कमरे से बाहर निकल कर उसने सुनीता से धीरे से कहा था "अंकल को तंग नहीं करते। तुम जाओ और ऊपर छत पर खेलो। अनीता आये तो ऊपर ही रुकने को कहना...ठीक है?"

श्यामा ने सुनीता को छत पर भेजा और आज उसने दरवाजा अन्दर से बन्द किया था। वो जानती थी कि अब उसे क्या करना है।

ऑपरेशन किस्तों में

"पता नहीं ये कमलाबाई आज कहाँ रह गई?" विनीता के दिमाग के किसी कोने में क्रोध पनप रहा था। रसोईघर में झूठे बर्तन को उठा-उठा कर वॉशबेसिन में रखने की आवाज आज बढ़ी हुई थी।

"...जबकि मैंने उससे कहा था कि आज थोड़ा जल्दी आ जाना। एक जरूरी मीटिंग है, मुझे ऑफिस समय से पहले पहुँचना है। मगर अब तो उसके टाइम से दस मिनट ऊपर हो रहे हैं और उसका अता-पता नहीं।" विनीता की आवाज में झुंझलाहट बढ़ रही थी और रसोई से घर के दूसरे कमरों में काम समेटने का काम भाग-भाग कर किया जा रहा था। बच्चे स्कूल क्या जाते हैं, ढेर सारा काम पीछे छोड़ जाते हैं। ऊपर से मीटिंग में उठने वाले कुछ एक मुख्य बिन्दु, जिनका सम्बन्ध उसके विभाग से था, अनायास ही उभर रहे थे। और मस्तिष्क उन पर सरसरी निगाह दौड़ाने लगता। घर के काम के साथ-साथ। एक सुपर कम्प्यूटर की भांति। कई कार्य एक साथ। एक ही समय में।

"आप चिन्ता-क्यों करती हैं? आप जाइए और तैयार होइये। मैं अम्मा वाला जरूरी काम भी कर दूँगी।" राधा ने सब्जी काटते हुए तिरछी निगाहों से मैडम को देखा था। इस मौके की तलाश में वो न जाने कबसे थी। इस बुढ़िया अम्मा के कारण उसे हमेशा ही सुनना पड़ता था। असल में कमला तो अक्सर टाइम से पहले पहुँच जाती मगर राधा की लेट लतीफी चलती ही रहती थी।

"ऐसा कभी करती तो नहीं है। पता नहीं, आज क्या हो गया है?" विनीता ने बोलते-बोलते फ्रिज का दरवाजा खोला और दूध का बर्तन अन्दर समेटते हुए उसे वापस तुरन्त बन्द किया था। तभी कॉल बेल की आवाज सुन कर वो दौड़ते हुए आगे बढ़ी थी। दरवाजा खोला तो सामने कमलाबाई चिरपरिचित मुस्कान के साथ खड़ी थी। सामने के दो दाँत टूटे और बाकी पीले हो रहे थे, काले चेहरे पर अलग से

भरपूर चमकते। और हाँ, हमेशा की तरह साड़ी और शरीर का रंग एक-सा हो रहा था। और जैसे ही वो घर के अन्दर घुसी तो उसके शरीर से निकलने वाली विशेष बदबू ने विनीता की नाक को आज फिर से सिकुड़ने पर मजबूर किया था। सब कुछ वही था, मगर पीली आँखें आज लाल हो रही थीं।

"कहाँ रह गई थी?" छोटे-से कद की कमला अपनी धीमी मगर स्वतन्त्र चाल से आगे बढ़ रही थी कि मेम साहब का सवाल सुन कर रुकी और पीछे मुड़ कर मुस्कुराते हुए कहने लगी,

"मैडम जी, रात को फिलिम देखी थी, इसीलिए सुबह टैम लग गया।" मुस्कुराहट के और ज्यादा चौड़ा होने से कुछ अतिरिक्त दाँत भी दिख पड़े थे।

"फिल्म? रात को? तुमने कहाँ और कौन-सी पिक्चर देख ली?"

"मैडम जी, राजेश खन्ना वाली, वही जिसमें वो ट्रक चलाता है। मैंने बताया था न आपको, मेरा लड़का जिद कर रहा है...वो ही कल टीवी खरीद लाया, किस्तों पर। उसी पर देखी, रात को।" चेहरे पर खुशी खुल कर प्रकट हो रही थी।

"अच्छा! मुबारक हो। मगर राजेश खन्ना की 'दुश्मन' कल कौन से चैनल पर आ रही थी?"

"ये तो मेरे को मालूम नहीं मैडम जी, वो लड़के के दोस्त हैं न, वो केबुल की तार घर में डाल गये थे, बस उसी पर देखी थी।"

"घर पर केबल भी लगा लिया? वाह! इसके अब हर महीने कितने पैसे देगी?" विनीता नौकरानी के न आने की टेंशन से मुक्त हुई तो चार बातें करने के लिए तैयार थी।

"इसका तो कुछ अभी वो बोला नहीं। मेरे लड़के के दोस्त यही काम करते हैं न, फ्री होगा।" लड़के का नाम आते ही उसकी आँखों में चमक उभरती। चेहरे पर गुरूर छा जाता। विनीता ने यह कई बार नोट किया था।

"और टीवी के..."

"सिर्फ दो सौ रुपए महीना, मैडम जी।" उसने तो बड़ी आसानी से कह दिया था मगर विनीता का मुँह खुला रह गया था। उसने उसको एक बार फिर ऊपर से नीचे देखा और आँखें हैरानी से फैलने लगी थीं।...पिछले साल की दी हुई साड़ी अब तक पहन रखी है। पता नहीं कब धोती है, कब ओढ़ती है। धोती भी है या नहीं? और ये दो सौ रुपए!...सोचते ही उसे घबराहट हुई थी।

"ये पैसे कहाँ से लायेगी?" उसकी माली हालत उससे छिपी न थी।

"एक घर और पकड़ूँगी मैडम जी, और क्या।"

'एक और घर ? तुझसे इस हालत में इतने गंदे हाथों से कौन काम करायेगा? लगता तो नहीं।' मन ही मन सोच कर विनीता को आश्चर्य हुआ, पर बोली नहीं।

"अब टीवी के चक्कर में रोज लेट न आना। पता चला रोज तू टीवी देखेगी और फिर मुझे तंग करेगी।"

"नहीं नहीं, मैडम जी।" कहते हुए उसके मुँह में जम्हाई आयी तो उसे खुल कर भरपूर लेते हुए वो रसोई के पीछे आंगन में बर्तन माँजने के लिए बढ़ चली थी।

"अच्छा चल, घर की सफाई फटाफट करना, टाइम नहीं है। लेकिन पहले हाथ साबुन से जरूर धो लेना। ठीक है..?चाय भिजवा रही हूँ मगर आज साथ में ब्रेड ही मिलेगी। खा लेना, भूखी होगी। परांठे का टाइम नहीं है मेरे पास। और फिर तू लेट भी तो आयी है।" कहते हुए विनीता वापस रसोई पहुँची तो राधा की सब्जी काटने की रफ़्तार तेजी पकड़ चुकी थी। चाकू आड़ा-तिरछा चल रहा था। चेहरे पर झल्लाहट थी। उसे खुद में और कमलाबाई में फर्क कम होता महसूस हुआ था।...पहले कम से कम इस बात का गुमान तो था कि कमला के पास तो कुछ नहीं, जबकि मेरे पास बहुत कुछ है, घर में टीवी-फ्रिज, आदमी के पास कपड़े।...तो अब क्या हुआ? कमला के पास तो सिर्फ दो-तीन घर हैं, बस। वो भी बर्तन और सफाई के। मेरे सारे काम बड़े हैं, खाना बनाने वाले। ऊपर से उसका तो आदमी है नहीं। लड़का कुछ करता नहीं। घर में बनाया-बनाया, नहीं तो कहीं से मिला तो खा लिया। साथ ही किसी ने बचा-खुचा दे दिया तो बांध कर घर भी ले गये। और मुझे? मुझे तो पूरा घर देखना है।...इसीलिए तो काम पर आने में देर हो जाती है। छुट्टी भी लेनी पड़ती है।...और इस कमलाबाई को तो कुछ करना नहीं। सुबह उठ कर ऐसे ही आ जाती है फिर चाय-नाश्ता भी यहीं करेगी।...अब इसके लिए भी बनाओ और महारानी को पिलाओ। फिर भी मैडम से सुनो कि मैं तो टाइम से आती नहीं जबकि देखो कमला टाइम की पक्की है।...मैडम के इसी बात की खुन्नस में तो वो कमला को बुड्ढी अम्मा कहती है, पीठ पीछे।

"देख रही है राधा? हमारी कमला के पास भी टीवी आ गया। अब अपनी कमला भी माडर्न हो जाएगी। क्यूँ कमला...?" दूर से कमला की ही-ही करती हँसी रसोई तक पहुँची थी। उधर, राधा ने जबरन मुस्कुराने की कोशिश के साथ धीरे से कहा था, "ये दो सौ में कौन-सा टीवी आता है, हमारी तो चार सौ की किस्त बनी थी।"

"अरे, उसका टीवी छोटा होगा। पुराना भी हो सकता है, सेकेण्ड हैण्ड। तेरा तो परिवार बड़ा है तो टीवी भी बड़ा लिया होगा। और फिर नयी-नयी स्कीम आती रहती है। क्यूँ कमला?"

"हाँ मैडम जी। राधा बाई का तो बढ़िया वाला होगा..." कमला ने कहा तो राधा के चेहरे पर चमक लौट आई थी। बड़ाई सुन कर खून दौड़ पड़ा था। लिपस्टिक तो पहले ही लाल सुर्ख थी, हमेशा की तरह। मगर अब जंच रही थी।

"चाय दे देना कमला को, ब्रेड के साथ।" राधा को कहते हुए विनीता बाथरूम की ओर बढ़ चली थी। कमला की खुशी ने दिनभर उसे भरपूर ऊर्जा में रखा था। बहुत दिनों बाद उसने कमला को इस तरह से प्रसन्न होते देखा था। दुःखी या रोती तो वो कभी न थी। लेकिन उसके शरीर और चेहरे से झलकती कमजोरी व गरीबी उसे रोज तंग करती। कमलाबाई में न तो कोई लालच था और न ही कोई बैर। शरीर मैला हुआ तो क्या, दिल एकदम साफ था। भोली और सीधी। और इसीलिए विनीता को पसन्द थी। अन्य नौकरानियों से अधिक। तभी तो उसे कुछ न कुछ देती रहती। वैसे कमला ने कभी कुछ नहीं माँगा था, सदा सन्तुष्ट। जितना मिल गया, उसी में खुश। और देर शाम राकेश को विनीता ने अपनी बाई के विकास की कहानी सुनाई थी।

"चलो, कमला का कुछ तो विकास होगा। फिल्म देखेगी, समाचार सुनेगी। अब अपनी राधा को ही देख लो, कितनी टिपटॉप रहने लगी है। ऐसे ही तो समाज विकास करता है।"

राकेश बातचीत में अपनी रात खराब नहीं करना चाहता था। और इसीलिए बिना किसी प्रतिक्रिया के चुप करके सो गया। अगली सुबह कमला फिर दस मिनट लेट थी।

"अब क्या हुआ?" विनीता को आज ऑफिस में जल्दी नहीं थी। कमला से उसे लगाव तो था, लेकिन समय की पाबन्द भी थी। इसलिए पूछा जरूर मगर प्यार से।

"मैडम जी, लड़के को चाय पिलाने में टैम लग गया। रात को वो अपने दोस्त के साथ अंग्रेजी फिलिम देख रहा था। मेरे को तो समझ आई नहीं। बहुत सारी लड़कियाँ थीं, बार-बार आतीं और जातीं। कभी कमर पर हाथ रखतीं तो कभी घूर कर सबको देखतीं। और फिर लौट जातीं। हर बार कपड़ा बदल कर फिर वापस आ जातीं। आगे क्या हुआ मेरे को तो मालूम नहीं, मैं तो सो गई। सुबह जब आने लगी, तो बोलता है चाय बना जा। रात देर से सोया होगा न। अब घर पर दूध था नहीं तो दुकान से लेने चली गई थी।"

“बड़ा लाट साहब हो रहा है तेरा लड़का, कुछ काम-वाम शुरू किया कि नहीं?”

“करेगा मैडम जी, करेगा।...अभी तो बच्चा है।”

“अच्छा!...चल फिर आज तो तू हमारी चाय पियेगी नहीं..?” विनीता ने शरारत में उसे छेड़ा था।

“नहीं मैडम जी, मैं पी कर थोड़े न आई हूँ। मैं तो आपके हाथ की ही चाय पियूँगी।” उसके चेहरे पर फिर वही निर्मलता छलक उठी थी। और बोल कर वो फिर अपनी मुक्त चाल से पीछे आँगन की ओर बढ़ चली थी।

धीरे-धीरे कमला का देर से आना अमूमन रोज की बात हो चुकी थी। फिर भी विनीता ने इसे मौन रहते हुए स्वीकार कर लिया था। राधा ने कान भरने की पूरी कोशिश की थी। मगर उसने एक न सुनी। वो राधा का मकसद जानती भी थी और समझती भी थी। बाइयों की कहानी से वो पहले ही दुखी थी। आजकल घर पर काम करने वाली वैसे तो मिलती नहीं, ऊपर से आसानी से सब पर विश्वास भी नहीं किया जा सकता। साथ ही इनके नखरे झेलो। इनकी बिना बताये छुट्टियाँ सबसे अधिक तंग करती हैं। कुछेक तो चोरी भी कर लेती हैं। ये अलग मुसीबत, हमेशा नजर रखो। फिर ये नहीं करेंगे वो नहीं करेंगे, इनकी बक-बक सुनो। ऊपर से कॉलोनी में इधर की बात उधर। वो अपनी नौकरी के साथ इनका सिरदर्द नहीं लेना चाहती। इसीलिए सदैव सतर्क रहती, अच्छा खाना-पीना देती और कम बोलती। फिर भी तीन-तीन नौकरानियों के बीच कुछ न कुछ चलता ही रहता। तीसरी तो शाम को अकेले काम करने आती इसलिए थोड़ा ठीक था। मगर कमला और राधा का साथ-साथ एक ही समय आना, इनके बीच कुछ न कुछ खटपट चलती रहती, विशेष रूप से राधा की ओर से। बाइयों की महाभारत पर राकेश अक्सर उसे छेड़ देता।

“तुम्हीं तो कहती हो कि नारी का विकास होना चाहिए। और हो भी रहा है। मगर विकास आयेगा तो समझ बढ़ेगी। स्वतन्त्रता और हक बढ़ेगा। और ये मुश्किलें तो आयेंगी ही। इन्हें स्वीकार करना होगा।”

लेकिन विनीता यह बोल कर उसे चुप कर देती,“ये कोई विकास थोड़े ही है। मानसिक और वैचारिक तो बिलकुल भी नहीं। घर के सभी सदस्यों के द्वारा मजदूरी करने से कई गरीब घरों में कुछ पैसे आ गए, क्रय शक्ति बढ़ गयी और कुछ सामान घर पर आ गया। मगर समझ थोड़े न आयी। औरत ही क्यूँ अगर आदमी को भी अपनी ड्यूटी का अहसास नहीं तो ऐसा विकास किस काम का ? यह तो उलटे आत्मघाती हो सकता है।”

कमलाबाई की टीवी की कहानी को अभी कुछ दिन ही बीते थे कि अचानक दो-तीन दिन तक कमला का अता पता न था। विनीता कुछ नहीं कर सकती थी सिवाय चिड़चिड़ाने के, जो धीरे-धीरे क्रोध फिर चौथे दिन चिन्ता में परिवर्तित हो चुका था। पता लगाने के लिए किसी को भेजती या खुद जाती कि देर शाम कमलाबाई का लड़का यह बताने आ गया कि अम्मा की तबीयत ठीक नहीं है। ठीक होते ही आ जाएगी। जाते-जाते अपना मोबाइल नम्बर दे गया तो आश्चर्य हुआ था। हैरानी हुई थी कि जिस घर में खाने को पैसा नहीं वहाँ कमला का लड़का मोबाइल ले चुका है।...चलो, किसी काम पर लग गया होगा,...वैसे तो मोबाइल भी आजकल, तकरीबन मुफ्त कीमत पर कम्पनियों द्वारा जबरन बेचे जा रहे हैं, खासकर ये नये बच्चों में,...एक बार आदत पड़ गयी तो फिर बाद में रिचार्ज पर पैसे कमाओ...कुछ और भी हो सकता है। कपड़े भी तो ठीक ही डाल रखे थे, जींस और टी-शर्ट, लेकिन आवारा किस्म की शक्ल थी। बाल लम्बे मगर गन्दे और उलझे हुए थे।...कानों में बालियाँ पहन रखी थी जो विनीता को बिलकुल पसन्द नहीं। मगर वो क्या करे, आजकल तो कॉलेज और यूनिवर्सिटी के बच्चे भी पहनते हैं। पता नहीं कैसा फैशन है।

हफ्ता बीत चुका था। कमला का कोई हाल-चाल नहीं मिला तो जानने के लिए उसने उसी नंबर पर फोन किया था, "हैलो, कमलाबाई का लड़का बोल रहा है?"

"हाँ,...कौन है?" उधर से पूछे गए सवाल का जवाब विनीता को समझ न आया तो कुछ देर रुक कर बस इतना ही कह पायी थी,"सिविल लाइन्स के चार नंबर बंगले से बोल रही हूँ। बहुत दिन हो गए, कमला काम पर आई नहीं।"

"अभी तबीयत ठीक नहीं है।"

"मगर हुआ क्या है? मेरी बात कराओ।"

"मैं घर पर नहीं हूँ। बाद में बात करना।" और मोबाइल काट दिया गया था। वो अचकचा कर रह गयी थी। सुनकर राधा ने मोर्चा सँभाला था। विनीता को खूब भरा था..., "ऐसे ही आवारा है, कोई काम नहीं करता।...अब पता नहीं ये कमलाबाई कब तक आयेगी?...आप कहें तो मैं अपनी लड़की को बोल देती हूँ...कल सुबह से काम पर आ जाएगी..."

"अरे नहीं। कुछ दिनों में कमला आ जाएगी। क्यूँ अपनी बेटी को तंग करती हो। तुम्हीं थोड़े दिन उसका काम देख लो...चिन्ता न करो मैं अलग से पैसे दूँगी।"

"वो तो मैं कर ही रही हूँ...मगर मैडम जी, मेरे अकेले से भी अब इतना काम नहीं होता..." राधा ने बोल कर बुरा-सा मुँह बनाया था। विनीता अन्दर ही

अन्दर तिलमिलाकर रह गई थी।

"तुम राधा की लड़की को लगा क्यूँ नहीं लेती हो? तुम्हें क्या करना है, वो अपनी बेटियों को पढ़ाए या घरों में काम करवाये? और फिर ठीक रहेगा, माँ-बेटी एक साथ काम पर आएँगी तो..." देर रात राकेश ने अपना मत रखा था।

"यही तो वो चाहती है। मगर मैं बिल्कुल नहीं चाहती कि माँ-बेटी एक साथ काम करें। जिस दिन छुट्टी मारेंगी तो दोनों एक साथ लेंगी। तब बड़ी मुश्किल होती है। फिर ये ग्रुप बना कर मनमानी करती हैं। और हम दिनभर चौकीदारी भी नहीं कर सकते..." राकेश को बात ठीक लगी तो चुप कर गया था।

दूसरे दिन देर शाम अभी विनीता ऑफिस से आयी ही थी कि पीछे-पीछे कमला का लड़का आकर खड़ा हो गया।

"इस महीने के पैसे चाहिए। माँ ने मँगवाए हैं।" एक मिनट के लिए उसे देख कर गुस्सा तो आया मगर जरूरत होगी, सोचकर विनीता ने तुरन्त पूरे महीने की तनख्वाह पकड़ा दी थी। सौ-सौ के तीन नोट, और फिर पैसे देने के बाद ही धीरे से पूछा था,

"तेरी माँ की तबीयत अब कैसी है?"

"अभी ठीक नहीं है। माँ ने कहा है ठीक होते ही आएगी।"

"हुआ क्या है?"

"पैर में चोट है और बुखार है।"

"डाक्टर को दिखाया नहीं?"

"दिखाया है। कल पट्टी कराने ले जाऊँगा।"

"ठीक है, ध्यान रखना। और कोई जरूरत हो तो बताना।" इस बात पर वो चुप कर गया था।

कुछ दिन तक कमला की कोई खबर नहीं आयी तो उसने उसके घर पहुँच कर हाल चाल पूछना जरूरी समझा था। पन्द्रह दिन से ऊपर बीत चुके थे। रविवार छुट्टी का दिन था। घर का पता पूछ रखा था। राकेश साथ चलने को तैयार था। वहाँ पहुँची तो देखा, सड़क पर एक तरफ लाइन से कच्चे मकान बने हुए हैं। दो मकानों की दीवारें आपस में सटी हुईं है। हर एक घर के सामने खटिया बिछी हुई थी जिस पर औरतें बच्चों के बाल बना रही थीं तो कोई अनाज साफ कर रही थीं। कुछ तो सिर्फ गप्पें मार रही थीं। एक जगह छह-सात अधेड़ उम्र के आदमी झुण्ड बनाकर बैठे थे। शायद कुछ खेल रहे थे। ताश के पत्ते के बीच शायद जुआ हो।

कार से उतरी तो फिलहाल सभी की निगाहें उसकी ओर उठी थीं। कमला के बारे में पूछने पर सबसे आखिर की, किनारे वाली झोपड़ी बताई गई थी, इशारे से। उस झोंपड़ी के सामने कुछ न था। वहाँ तक पैदल पहुँची कि अचानक कमला का लड़का उसे गेट पर ही मिल गया था। मुंह से शराब की दुर्गंध आ रही थी। अम्मा का हाल पूछने पर उसने कोई प्रतिक्रिया न देकर घर की ओर देखा था। दरवाजा खुला देख विनीता आगे बढ़ी थी। झोपड़ी अन्दर से खाली और दीवारें गंदी हो रही थीं। एक कोने में कुल दो-चार बर्तन पड़े थे। चूल्हे में थोड़ी-सी राख थी। लग रहा था, पुरानी थी। चारों ओर धूल का साम्राज्य था। दूसरी ओर एक खाट पड़ी थी। पास ही जमीन पर कमला लेटी हुई थी। उसके ठीक सामने लकड़ी के खोखे के ऊपर एक टीवी रखा हुआ था जिस पर तेज संगीत वाला फिल्मी नृत्य चल रहा था। पास पहुँची तो देखा, कमला दर्द से कराह रही थी। चेहरे पर हाथ लगाया तो बुखार चढ़ा हुआ था। एक पैर में पट्टी बँधी हुई थी वो भी गंदी। उस पर मक्खियाँ भिनभिना रही थीं। कुछ पूछती, इसके पहले ही कमला की आँखों से आँसू निकलकर बहने लगे थे। नजरों ने कहा था, दर्द असहनीय है। उसके लिए कुछ भी कह पाना मुश्किल लग रहा था। धीरे-धीरे पूछने पर पता चला कि एक दिन देर रात काम करके पास वाले बंगले से आ रही थी तो नंगे पैर में लोहे का कोई नुकीला टुकड़ा घुस गया था। पहले तो घर पर ही पानी से धोकर कपड़ा बांध लिया। मगर दो-चार दिनों में ही जख्म पक गया और साथ ही बढ़ गया था दर्द। पास वाले डाक्टर को ले जाकर दिखाया तो उसने पट्टी कर दी थी। जाने क्या देसी दवाई लगाई मगर फायदा कुछ न हुआ। अन्त में लड़का सरकारी अस्पताल ले गया था। वहाँ बताया गया कि चीर-फाड़ करनी होगी। टीका (इंजेक्शन) लगाना होगा। दवाई के लिए कुछ पैसे चाहिए थे। वो थे नहीं। लड़का अस्पताल से घर ले आया था। उधार वाली दवाई की दुकान नहीं मिल पायी थी। किस्तों पर देने के लिए भी कोई तैयार नहीं था। सुनते ही विनीता ने तुरन्त कहा था,

"मुझसे तो तेरा लड़का पैसा ले गया था..."

"वो तो मैडम जी, टीवी वाले को देना था न..." बड़ी मासूमियत से कभला ने बोला तो विनीता झुंझला कर रह गयी थी, "...और ये मोबाइल खरीदने की क्या जरूरत थी...?"

"जरूरत पड़ने पर बुलवा लेती हूँ न मैडम जी।"

"अच्छा! और ये आ जाता है?...खैर, तो और पैसे माँग लेता...चल

छोड़, तू मेरे साथ चल...'' मगर कमला कहाँ चल पाने की स्थिति में थी। लड़के और आस-पास के लोगों की मदद से उसने कमला को उठवा कर कार में लिटाया और उसी वक्त अस्पताल की ओर चल पड़ी थी।

डाक्टर जान-पहचान का था, मरीज की तुरन्त जांच-पड़ताल की गयी थी। मगर फिर जो बताया गया, जिस तरह से बताया गया, वो डाक्टर के लिए तो सामान्य मगर विनीता के लिए भयानक था, ''पैर का निचला हिस्सा काटना पड़ेगा। सेप्टिक हो चुका है, इलाज में देरी की गयी है। अब भी सही इलाज तुरन्त नहीं किया तो जहर पूरे शरीर में फैल सकता है...।'' बोलते हुए उसने एक फार्म पर हस्ताक्षर करने को कहा था। विनीता एक पल के लिए डाक्टर को ताकती रह गयी थी। राकेश के कहने पर ही कमला के लड़के को बुलाने के लिए उसने उसे फोन किया था।

''उसे पता होना चाहिए। बाद में फिर...'' राकेश ने ठीक कहा था। मगर लड़का आने को तैयार नहीं था।

''जैसा तुम लोगों को ठीक लगे, कर लो। मैं अभी क्या करूँगा आ के...''

''मगर तुम्हारी माँ के पैर...'' सुनने से पहले फोन काट दिया गया था। विनीता घबराहट में उठ कर बाहर आने लगी तो बगल के कमरे में स्ट्रेचर पर लेटी कमला को देखा वो उसी की ओर देख रही थी, एक बार फिर मुस्कुराने की कोशिश में। विनीता देखकर अपने आँसू रोक न सकी और कमरे से बाहर निकल आयी थी।

''राकेश, एक पैर से...वो...कैसे...?''

''हाँ, दिक्कत तो होगी। नकली पैर लगाने में तो बहुत पैसे लगेंगे। उसे अब बैसाखी लेकर चलना होगा।''

''काम कैसे करेगी...? और काम नहीं करेगी तो खायेगी क्या?...भीख माँगेगी क्या?...नहीं-नहीं।'' वो बड़बड़ाई थी, ''...राकेश, अब क्या करें...?''

''अभी पहले उसे बचाने की कोशिश तो करो।''

''मगर किसलिए? रोज मरने के लिए, किस्तों में...?'' और वो फफक कर रो पड़ी थी।

''उसे मरने के लिए छोड़ भी तो नहीं सकते...क्या तुम ऐसा कर पाओगी... सोचो...'' राकेश ने उसके सिर पर प्रेमपूर्वक हाथ फेरा तो विनीता ने अपने आँसू पोछे थे। अपने पति की ओर निगाह उठा कर देखा तो वहाँ भी आँसू थे। और उसने हिम्मत से अपने कदम डाक्टर के चेम्बर की ओर बढ़ाये थे।

पप्पू से मनोज और फिर पी

फोन की घंटी बजी तो यह सुनिश्चित करना मुश्किल था कि कौन-सा टेलीफोन बज रहा है।

"देखियेगा, शायद आपका टेलीफोन है।" रेखा ने रसोई से आवाज लगाई थी।

"नहीं, तुम्हारा है..."

"तो देख तो लो कौन है, देख नहीं रहे मैं किचन में मनु के लिए नाश्ता बना रही हूँ।"

मैं तुरन्त अपने बेडरूम की ओर लपका तो पाया कि रेखा सही थी, मेरा ही टेलीफोन बगल में स्थित ड्राइंग रूम में बज रहा था। '...अनु ठीक कहती है, अलग-अलग कम्पनी का लैण्डलाइन कनेक्शन लेना चाहिए। कम से कम हर एक की घंटी की धुन तो अलग होगी। यहाँ तो सभी की घंटी एक जैसी बज़ती है। पता नहीं मोबाइल की तरह इन टेलीफोनों में अलग-अलग धुन क्यूँ नहीं होती...? इन कम्पनी वालों को भी सोचना चाहिए, जो परिवार के हर एक सदस्य को फोन बेचने के चक्कर में हैं, तो कम से कम उनकी पहचान का भी कोई इन्तजाम करें...' सोचते हुए ड्राइंग रूम पहुँचा तो पाया कि मेरे टेलीफोन की घंटी अब भी बज रही थी। कट न जाए, यह सोच कर तुरन्त उठाया तो जानी-पहचानी किसी लड़की की आवाज थी...

"आप कौन बेटे...?" अब तक नाम की पहचान सुनिश्चित नहीं हो पायी थी।

"मैं, महिमा..."

"मनु तुम्हारा फोन है। महिमा है..." मैंने कुछ ऊँची आवाज में कहा था। रसोई में सुनकर धर्मपत्नी ने रिपीटर का काम किया था जिससे आवाज पीछे बच्चों के कमरे तक पहुँच सके।

"मनु बेटा, तुम्हारा फोन है।" रेखा ने दूसरी बार कुछ तेज आवाज में पुकारा था।

तभी पीछे से एक उखड़ती हुई आवाज नजदीक पहुँचने लगी थी।

“क्या मम्मी, अब मैं बड़ी हो चुकी हूँ। कम से कम दोस्तों के सामने तो मनु मत बोला करो। ये लोग अब मुझे इसी नाम से चिढ़ायेंगे।”

“अरे, तो क्या हुआ? कितना प्यारा नाम है। अब मम्मी-पापा लाड़ से नहीं बोलेंगे तो कौन बोलेगा?”

“अब ज्यादा प्यार दिखाने की जरूरत नहीं।” उसने नजदीक आते ही टेलीफोन मेरे हाथों से छीना और मुझे गुस्से में देखा था। मगर इसमें अधिकारपूर्वक प्रेम अधिक था। बालहठ भी कह सकते हैं। मुझे इसकी आदत है। इनके बचपन से। मुझे इनका लड़ना और रूठना अच्छा लगता है। मैं इस बात पर सोच कर अपना दिमाग नहीं खराब करना चाहता कि आखिरकार बच्चों की कोई बात, खासकर जब वे छोटे और आश्रित होते हैं, माँ-बाप को बुरी क्यूँ नहीं लगती। वो टेलीफोन पर बात तो बड़े मीठे ढंग से कर रही थी, मगर मुझे बीच-बीच में गुस्से में देख लेती थी। प्रेमवश वहीं खड़ा रहा कि कहीं सुबह-सुबह उसका पारा और न चढ़ जाये। और फिर उसके टेलीफोन रखते ही जान-बूझ कर पूछा था,

“क्या हुआ, अचानक क्यों नाराज हो गयी बेटा?” यह बातचीत प्रारम्भ करने का बहाना मात्र था।

“अब सड़क पर भी जोर-जोर से मनु-मनु चिल्लाइये। इतनी-सी बात समझ में नहीं आती कि अब मैं बड़ी हो गई हूँ।” और वो पैर पटकते हुए कमरे से बाहर निकली थी। मैंने पत्नी की ओर मुस्कुराते हुए निगाह डाली तो पाया उसकी आँखों से भी हँसी उतर कर होंठों तक आ चुकी है। हम दोनों समझ चुके थे कि आज छोटी नाराज है। और अब यह नाराजगी कुछ घंटों तक चल सकती है। एक-दो दिन भी चल जाए तो कोई बड़ी बात नहीं। हाँ, इस बीच कोई बढ़िया खाना जो उसकी पसन्द का हो या फिर उसका पसन्दीदा टीवी कार्यक्रम, और कुछ नहीं तो उसकी मनपसन्द कोई भी बात हो जाने पर वो जल्दी खुश भी हो सकती है। और फिर हम दोनों इस प्रयास में जुट चुके थे।

“आज मैंने टिफिन में मैगी बनायी है। जल्दी तैयार हो बेटा, स्कूल में देरी हो रही है।” किताबों के पटकने से समझ आ रहा था कि अभी वो नाराज है।...रेखा भी तो बच्चों के सामने तुरन्त झुक जाती है। फास्ट फूड के विरोध वाले उसके सारे फण्डे एक मिनट में किनारे। यही तो लाड़-प्यार है। ऐसा ही कुछ सोचते हुए बोल पड़ा,

“मुझे तो तुम रोटी ही देती हो।” मैंने जान-बूझ कर छेड़ा था। जानता था

मेरे लिये नाश्ते में रोटी बनाना मेरे बढ़ते वजन का नतीजा है। और इसको कम करने का बीड़ा धर्मपत्नी ने उठा रखा था।

"अपनी तोंद देखी है...?" उसने किचन से बाहर निकलते हुए मुझे फटकार लगाई थी।...अब गृहस्वामिनी का क्या बुरा मानना ? और हम दोनों मनु को बाहर छोड़ने साथ ही निकले तो उसके दादा गाड़ी में पहले से ही इन्तजार कर रहे थे। पिछले कुछ दिनों से मनु को छोड़ने साथ चले जाया करते थे। क्या करें, सुबह अब उनका मन नहीं लगता। लौटते हुए ड्राइवर मंदिर के दर्शन करा लाता है। कार में बैठते हुए भी मनु का गुस्सा साफ झलक रहा था। दादा ने प्रेमपूर्वक उसके सिर पर हाथ फेरा तो उसने उनके हाथ को जोर से झटका था। यह देख हम दोनों पति-पत्नी एक बार फिर मुस्कुराये थे।

"आज डैडी की खैर नहीं। रास्तेभर उसके मुक्के खायेंगे।"

"अच्छा है, उनके लिए कुछ नया करने को तो होगा। देखना, अब कैसे दिनभर उसको मनायेंगे।...अच्छा मनोजी तुम चाय लोगे?" रेखा ने किचन की ओर बढ़ते हुए कहा था।

"ठीक है, आधा कप ले लूँगा लेकिन अब तुम मेरा नाम मनोजी मत लिया करो..."

"क्यों, अब तुम्हें क्या हुआ?" रेखा ने रसोईघर के अन्दर से पूछा था।

"जानू, मैं भी बोर हो गया हूँ, शादी की पहली रात से यही नाम सुनते-सुनते...।" मैं भी पीछे-पीछे रसोई के दरवाजे तक पहुँच चुका था।

"मगर मुझे तो तुम्हारा दिया हुआ नाम 'जानू' आज भी अच्छा लगता है। चलो, तुम्हारा नाम 'जानी' रख देते हैं, 'जानी दुश्मन' कैसा रहेगा?" उसकी आवाज में शरारत थी।

"ठीक है, ये चलेगा।"

"दुश्मन कहीं के..." कहते हुए रेखा जोर से हँसी थी। उसने ट्रे में दो कप चाय के रखे तो मैं भी उसके साथ हो लिया था। लॉबी में बैठ कर सुबह-सुबह बीवी के साथ चाय की चुस्कियों और साथ ही ताजी खबरों पर बातचीत, बड़ा मजा आता है। अखबार भी तो रोज नयी-नयी खबर छापते हैं। इसी चक्कर में हमारा नयापन भी बरकरार था। यह आदत मैंने डैडी से सीखी थी। मगर बेचारे माँ के जाने के बाद अब बोर होते हैं।

आज अखबार में खास खबर थी। अभी पहला पेज पढ़ कर ही हटा था कि

डैडी ने वापस आकर चिल्लाना शुरू कर दिया था,

''मनोज, मनु को क्या हुआ है, इतने गुस्से में क्यों गई है?''

''क्यों, आपको नहीं पता...?'' मैंने उन्हें घेरने की कोशिश की थी। रास्ते में पोती के गुस्से का शिकार हुए होंगे। सोच कर ही मजा आया था।

''पूछा तो था कहने लगी, पापा से ही पूछ लेना...''

''अच्छा तो लगता है मामला कुछ सीरियस है।'' मैं सीरियस दिखने की पूरी कोशिश में था।

''बेकार की बात मत कर। क्या हुआ, कुछ बतायेगा भी?'' डैडी की आवाज में चिड़चिड़ाहट थी।

''कुछ खास नहीं, बस कुछ दिनों से रट लगाये हुए है कि मुझे मनु मत बोलो। आज सुबह उसकी सहेली के फोन के सामने उसका नाम क्या पुकारा, तब से ही नाराज़ है।'' बोल कर मैं मुस्कुराया था। अखबार के पहले पेज की यह खबर अगले पृष्ठ पर पढ़ कर खत्म करना चाहता था कि नये मुख्यमन्त्री ने एक शहर का नाम क्यूँ बदल दिया। इस नाम की महिमा के बारे में सोच ही रहा था कि तभी कड़कती हुई आवाज एक बार फिर आयी थी,

''क्यों अपना टाइम भूल गया, जब मैंने तेरे हॉस्टल में आकर, तेरे दोस्तों के सामने पप्पू कहा था। कितना लड़ा था तू मेरे से।'' अबकी बार उनकी आवाज में वही खनक थी जिसे सुनकर मैं बचपन में डर जाता था। ये बच्चे अभी भी इसका फायदा उठाते हैं।

''तब मैं कालेज पहुँच गया था डैडी।''

''तो क्या हुआ, आज की जनरेशन तुझसे आगे है। बच्चों को तो वैसे भी बाप से आगे होना चाहिए।''

''ठीक है, मगर फिर आज महसूस भी तो करता हूँ कि कोई मुझे एक बार फिर पप्पू कह कर पुकारे। माँ थी तो बोल ही देती थीं। कोई अपना, अपनों की तरह बात करे कितना अच्छा लगता है।'' मैंने दार्शनिकता झाड़ने की कोशिश की थी। अबकी बार डैडी की आँखों में झाँका तो उसमें प्यार डूबता उतरता दिख रहा था। माँ के नाम का असर था।

''तुझे अक्ल इस उम्र में आयी है। और हर उम्र की अपनी समझ होती है। हर शख्स को अपनी उम्र के साथ जीने देना चाहिए। क्यूँ ? तू ही तो कहा करता था। अब कैसे अपनी बात से मुकर रहा है।...खबरदार जो आज के बाद इस घर

में किसी ने उसे मनु कहा तो। आज अगर उसे अपने पहचान की खुशी मनुप्रिया नाम से मिलती है तो उसे छीनने का तुझे कोई हक नहीं।...हाँ, अपनी बातचीत में हम उसे मनु कह सकते हैं।" डैडी ने बहू की तरफ देख कर अन्तिम वाक्य धीरे-से कहे तो उसने मुस्कुराते हुए ससुर जी का साथ दिया था। दोनों ने मेरी ओर देखा तो मैंने तुरन्त सिर हिलाया था। ध्यान से देखा तो पाया कि डैडी की निगाहें बोल रही थीं।...आज भी मुझे थोड़ी-सी तकलीफ या बुखार हो जाता है तो बिस्तर के पास आकर धीरे-से पप्पू ही तो कहते हैं। प्यार जब उमड़ता है तो ऐसे ही निकलता है। माँ भी तो प्यार में डैडी को पप्पू के पापा कहती थीं। नहीं तो आमतौर पर सिंह साहब के नाम से सम्बोधन करती थीं। मगर मैं एक जनरेशन पीछे का होते हुए भी डैडी शब्द कैसे चुन बैठा था? कुछ थोड़ा ही याद है...हाँ, आज की मुंबई तब बॉम्बे के नाम से पुकारी जाती थी। वहीं तो मैंने होश संभालकर बोलना शुरू किया था...और आस-पड़ोस से यह नाम सीख गया। गांव में तो चचेरे-ममेरे भाई अपने-अपने पिता को बाबूजी के नाम से ही संबोधित करते थे। नहीं-नहीं, छोटे मामा के बच्चे तो अपने ही पिता को चाचा कहते थे, क्योंकि सुना है जब से उन्होंने होश सँभाला था तो बड़े मामा के बच्चों को छोटे मामा को 'चाचा' कहते ही सुना था। शुरू-शुरू में तो अटपटा लगता था मगर फिर माँ ने एक बार बतला दिया तो समझ गया था। इस डैडी शब्द का ही कमाल था कि जब भी छुट्टियों में घर जाता तो अलग से पहचाना जाता था।...मुझे याद है, इस बात पर ही मुझे थोड़ा घमण्ड आ जाता था।...कमाल है इस नाम की महिमा।...और क्या ठीक तो है...। अभी मैं सोच ही रहा था कि एक बार फिर टेलीफोन की घंटी बजी थी। पास ही बैठे डैडी ने टेलीफोन उठाया तो बात करने से साफ झलक रहा था कि दूसरी तरफ कोई अपना ही है।

"हाँ बेटा..." शब्द के साथ उनकी आवाज में भरपूर प्यार था। दूसरी तरफ से कुछ कहा गया था।

"पी मतलब...?" डैडी की आवाज में आश्चर्य था। मगर यह शब्द सुन कर मैं उठा था।

"अनु होगी। मतलब, अनुप्रिया होगी।" मैंने उनके हाथ से टेलीफोन लिया था। छोटी बेटी से घर के नाम पर अभी गुस्सा खा चुका हूँ तो फिर ये तो बड़ी है। कालेज भी जाने लगी है।

"ओए...तेरा नाम 'पी' कब से पड़ा?" डैडी की बात सुनकर मैं सिर्फ मुस्कुराया था। और फिर तुरन्त बड़ी बेटी की ओर ध्यान केंद्रित करते हुए रिसीवर पकड़ा था,

"हाँ बेटा"

"क्यूँ पी...दद्दू को आपका नया नाम नहीं मालूम? मैं तो उनको बताने ही जा रही थी। चलो अब आप बता देना कि उनके पप्पू और मेरे पापा का नया नाम 'पी' है। अब वो भी आपको 'पी' बोलने लगें तो मुझे कुछ मत कहना..."

"ओके"

"अच्छा, आज मैं जल्दी फ्री हो जाऊँगी। मुझे कालेज से ले लेना।"

"कब तक?"

"ग्यारह बज जायेंगे 'पी'।"

"ठीक है, टेक केयर।" और मैंने टेलीफोन रखा ही था कि मानो डैडी इस समय का इन्तजार ही कर रहे थे, पूछने लगे, "भई इस नये नाम का क्या फण्डा है?" उनकी आँखें आश्चर्य में थीं।

"असल में जब से अनु कॉलेज गई है मेरा नाम एस.एम.एस. की तरह शॉर्ट कर दिया है। पापा से 'पी' बना दिया।" बोलते हुए मैं हँसा था।

"तब तो मेरा नाम भी 'डी' हो जाना चाहिए। दद्दू और डैडी, दोनों पुराने हो चुके हैं...क्यों भई?" डैडी ने कुछ सोचते हुए कहा था।

"...बहू, आज से तुम भी मुझे 'डी' कहोगी, समझीं।" वो रेखा की ओर देखकर अचानक पूरे जोश में बोले थे।

"ठीक है, डी।" रेखा ने मुस्कुराते हुए कहा तो डैडी की आँखों में चमक थी। चेहरे पर नया उत्साह। यह कई महीनों बाद दिखायी दिया था।

रंगमंच का डायरेक्टर

"सदानंद जी नहीं रहे।"

"क्या!!! कब...?"

"तुम्हें पता नहीं!!...कोलकाता नाटक खेलने जा रहे थे, बीच रास्ते में ही देहान्त हो गया..."

"अच्छा! कैसे?" मैं आश्चर्य और दुःख के अटपटे मिश्रण में डूब रहा था।

"सुना है कि ट्रेन में अचानक तबीयत खराब हुई तो आसनसोल स्टेशन पर उतार कर साथी कलाकार उन्हें अस्पताल ले गए, मगर डाक्टर फिर भी बचा न पाये।"

मैं हतप्रभ था। अभी कुछ दिन पहले ही तो एक नाटक के मंचन में मेरा उनसे वाद-विवाद हुआ था।

"आज दोपहर दो बजे की ट्रेन से उनकी बॉडी शहर में पहुँच रही है।... तुम भी आ जाना।" दीपक ने आगे बोल कर मेरी सोच में हलचल मचायी थी।

"क्या अन्तिम संस्कार आज ही होगा?" मैंने सांस छोड़ते हुए खबरी दोस्त से पूछा था, धीरे से।

"होना तो चाहिए।...एक बेटा है, शायद कुवैत में। उसके आने का इन्तजार भी किया जा सकता है। और उनका कोई यहाँ है भी तो नहीं...वैसे ज्यादा मुझे भी नहीं पता। वहीं पहुँचो, सब पता लग जायेगा।"

टेलीफोन रखते ही मैं अचानक भूतकाल में पहुँच गया था। कुछ ही दिन तो हुए हैं। कुछ दिन भी क्या सिर्फ आठ-दस दिन ही हुए होंगे, मैं उनसे नाराज हुआ था। और फिर उसके बाद मैंने उनसे बात करना उचित भी नहीं समझा था। और क्यों करता? मेरे लिए वो महा बेकार, सनकी भी कह सकते हैं, कलाकार साबित हुए थे। एक तो पहले खूब सारे अनचाहे डायलॉग बोल गए और फिर आखिरी सीन में तो अचानक खूब चलाई थी अपनी। वो तो साथ वाले कलाकारों ने सम्भाल लिया,

नहीं तो नाटक का मजाक बन जाना था। शो के तुरन्त बाद जब मैंने कहा था कि आपने ऐसे कैसे किया तो धीरे-से बोल गए थे, पता नहीं। मैंने तो यहाँ तक कह दिया था, मेरा नाटक था, आपकी हिम्मत कैसे हुई। उन्होंने बड़ी मासूमियत के साथ सुना और फिर अन्त में मुस्कुरा भर दिए थे। लेकिन फिर मैंने जब कहा कि लगता है, आपको हीरो बनने का बहुत शौक है तो सुन कर वे सन्न रह गये थे। चेहरा देख कर साफ लगा था। मैं तैश में बोल गया था, उधर उनके चेहरे पर पसीना उभरा था। शायद महसूस कर गए थे। असल में मेरा भी कसूर नहीं है, जो मैं चाहता था, वो नहीं दिखा पाया था दर्शकों को। और क्या...।

फिर भी मैं, कहीं उन्हें गलत तो नहीं बोल गया था?...मगर ऐसा मुझे पहले तो नहीं लगा तो फिर आज उनके मरने की खबर सुनकर ही क्यूँ महसूस हो रहा है?

और मैंने तुरन्त सुनील को फोन लगाया था।

"पता है..?"

"हाँ, सदानंद जी नहीं रहे।" मेरे बोलने से पहले ही वो बोल पड़ा था। दिमाग तेज़ चलता है उसका। उस शाम नाटक के बाद हुए नाटक के समय भी वो वहीं था। मगर पता नहीं तब कुछ क्यूं नहीं बोला था। नहीं तो अक्सर सीधे व सरल मगर सटीक बोल जाता है। शायद अब बोले,

"सुनील, कहीं ऐसा तो नहीं मेरा नाटक उनका आखिरी पब्लिक शो हो..?" मैंने जान-बूझकर छेड़ा था।

"हाँ...हो सकता है..." कुछ देर ठहर कर अगले ही पल सुनील की सोचती हुई आवाज उभरी थी। ये उसकी खास अदा है। "पिछले से पिछले शुक्रवार, यही दिन था न तुम्हारे नाटक का...? फिर मैं उनसे शायद सोमवार को मिला था। उसके बाद, डाक्टर प्रकाश की ओपन हार्टसर्जरी कब थी...?"

"...पिछले बुधवार को।"

"हाँ, उसी दिन सुबह, उन्हीं के घर पर मुलाकात हुई थी। कह रहे थे, डाक्टर प्रकाश को देखने जाना है, तीसरा ऑपरेशन है, कहीं ऊँच-नीच न हो जाये, मगर मेरी भी तबीयत ठीक नहीं।"

"उनको क्या हुआ था?" जिज्ञासा थी जानने की, कि कहीं पहले से ही तबीयत खराब तो नहीं थी।

"अरे कुछ नहीं, यूँ ही सर्दी-जुकाम हुआ था। असल बात, जितना मैं जानता हूँ, वह अगले नाटक की तैयारी कर रहे थे।...वही, जिसके लिए कोलकाता जा रहे

थे।...हाँ ठीक है, यह उनका आखिरी पब्लिक अपीयरेंस होना चाहिए।"

"स्टेशन आ रहा है, तू?" मैंने एक लम्बी सांस छोड़ी थी।

"मुझे इस तरह से मौत पर भीड़ लगाना पता नहीं क्यों अच्छा नहीं लगता।... तू जा रहा है?"

"हाँ मैं तो जाऊँगा।"

"तो चल, मैं भी आऊँगा...नहीं जाऊँगा तो सब बोलेंगे, वैसे तो रोज उनके घर में चक्कर लगाता था...अब वो नहीं रहे तो एक बार भी नहीं आया।"

"तू कब से लोगों की परवाह करने लगा..." उसका आने के लिए हामी भरना आश्चर्यजनक था।

"बस यूँ ही...तू नहीं समझेगा..."

मगर स्टेशन पर वो देर से ही पहुँचा था। और फिर एक झलक उनकी देख कर सीधे मुझे बीयर बार में ले आया था। अभी तो पूरी शाम उतरी भी नहीं थी और दोनों के गिलास तीसरे पैग से भरे हुए थे।

"तू जानता है न, कि मैं मरने के बाद श्मशानघाट क्यों नहीं जाना चाहता?... इसका असर शराब के नशे की तरह एक रात में उतर जाता है, और फिर वही तेरी-मेरी शुरू। ऊपर से मुझे इस बात पर बहुत गुस्सा आता है कि लोग जीते जी तो मिलने के लिए समय निकालते नहीं, और फिर कहते हैं कि किसी की मौत में जरूर जाना चाहिए। अरे भाई इससे अच्छा तो जीते जी उनसे मिल लेते तो उन्हें ज्यादा खुशी होती।" एक पल के लिए वो चुप हुआ था।

"...खैर, मुझे ऐसा दोगलापन पसन्द नहीं। जब तक जिन्दा थे तो पीठ पीछे बुराई करते नहीं थकते थे लोग, अब वो ही आज आकर उनकी बड़ाई करेंगे। पता नहीं किसे धोखा देना चाहते हैं?...भीड़ लगा कर किसको दिखाना चाहते हैं? जाने वाला तो चला गया..." सुनील हमेशा की तरह दर्शनशास्त्र के अंतिम छोर पर पहुँच रहा था।

"अपने आप को।" मैंने सुनील की दार्शनिक कल्पनाओं को विराम लगाने की कोशिश की थी। मैं उसकी बातें पहले भी सुन चुका था। मगर इस बार कहीं, यह मुझ पर कटाक्ष तो नहीं?

"...ब्लडी ह्यूमन बीइंग...।" सुनील कहाँ रुकने वाला, उसने तीसरे पैग में डायलूशन और ड्यूरेशन वाले तथाकथित मयखानों की थ्योरी की धज्जियाँ उड़ायी थीं। एक सांस में पी गया।

"...अंग्रेज बेवकूफ हैं, जो धीरे-धीरे पीने को कहते हैं। अरे भाई, एक सांस में पी लो, अगली सांस का क्या पता?" कहकर सुनील ने एक जोरदार ठहाका लगाया था।

"...तुमने हॉकिन्स की टाइम की थ्योरी वाली किताब पढ़ी है।...अरे वही व्हीलचेयर वाला जीनियस। अमाँ यार फिज़िक्स में फिलॉस्फी, मजा आ गया। कहता है कि अगर भगवान ने दुनिया को बनाया है तो वो इसके पहले क्या कर रहा था ...और फिर इस बात पर तो उसने मुझे सोचने पर मजबूर कर दिया कि अगर समय का प्रारंभ किसी एक बिन्दु पर हुआ था तो उसके पहले क्या था?" अब मुझे भी उसकी बातों में रस आने लगा था। कुछ आगे होकर गौर से सुनने लगा तो वो कुछ गम्भीर होकर कह रहा था,

"...तू मेरी बात पर यकीन नहीं करेगा...मगर ये सच है कि ऐसी बातें मुझे बचपन से सताती हैं। बस अपने हॉकिन्स भाई ने इन्हीं बातों को जरा स्टाइल में बोला है।...लेकिन इस हॉकिन्स भाई को भी कौन समझाए कि ऊपर वाले ने सब कुछ अगर हमें बता दिया होता तो फिर हमने उसको अपने साथ यहाँ नहीं बैठा लेना था..." उसकी आँखें सिकुड़ रही थीं। सोच के दायरे खुलने लगे थे। बेयरा चौथा पैग डाल गया था।

"...मेरे हिसाब से तो समय का, हमारा, किसी का कोई अस्तित्व ही नहीं है। सब एक मायाजाल है। अब तुम्हारे सदानंद जी को ही ले लो, अब उनके लिए इस समय का कोई अस्तित्व है...? नहीं। उनका नाटक खत्म...। हमारा अभी चालू है। मगर एक बात बताओ कि अगर हम सबका यह नाटक है, और तुम्हारा ऊपरवाला उसका डायरेक्टर है तो यहाँ दर्शक कौन है?" बोल कर उसने धीरे से मुस्कुराहट बिखेरी थी। "...खैर, डाक्टर प्रकाश से मिले तुम? कल जब मैं गया था तो तुम्हें याद कर रहे थे। कह रहे थे तुम्हारी कहानी 'मौत का सब्र' उन्हें बहुत पसन्द आयी। मिल आना। उन्हें अच्छा लगेगा...। और फिर बूढ़े और बीमार हैं, कब निपट जाएँ, पता नहीं।"

दो पैग और लगाये मगर नशा था कि चढ़ने का नाम न ले। रात बड़ी बेसब्री से कटी थी। सदानंद जी का चेहरा, खिलखिलाहट के साथ मासूमियत से भरा हुआ, बार-बार उभर रहा था। कभी खुद बच्चा बन जाते तो कभी बाप। कभी मुलायम तो कभी गर्म। मगर रहते हमेशा मस्त थे। रात सुना कि मेरे वाले नाटक में उनके सपूत बेटे का किरदार निभाने वाले लड़के ने ही उनको अग्नि दी थी। वैसे तो नाटक मण्डली

वाले कई बेटे, और पोते-पोती थे उनके। नाटक खेलते पूरे पचास साल भी तो हो चुके थे उनको।...नींद न आई थी, सदानंद जो आ रहे थे। तंग हो रहा था सोच-सोच कर...कभी सोचा भी न था कि वो इतनी जल्दी चले जायेंगे। और फिर बार-बार लगता कि क्या कोई भी आदमी बस यूँ ही अचानक इतिहास बन जाता है, फिर चाहे वो दस दिन पुराना हो, दस साल पुराना या फिर दस युग प्राचीन। सब बराबर। सोच-सोच कर बेचैनी हुई थी। क्या है ये मायाजाल? सुबह सूरज एक बार फिर उगा तो था मगर अब की बार मन न लगा तो डाक्टर प्रकाश के घर पहुँच गया था।

"आकाश तुम...!" डा. प्रकाश ने बिस्तर पर ही थोड़ा उठ कर पीछे टिकते हुए कहा था। चेहरे पर मुस्कुराहट थी।

"नमस्कार। बस यूँ ही...सोचा आप से मिलता चलूँ।" बीमारी का हाल पूछकर मैं उन्हें दुःखी नहीं करना चाहता था।

"हाँ-हाँ-क्यों नहीं..। आओ-आओ...बैठो। क्या बात है...कुछ थके-थके लग रहे हो?"

"हाँ, रात नींद न हो सकी।"

"क्यूँ क्या हुआ...? तबीयत ठीक नहीं है क्या...?"

"...नहीं, मन ठीक नहीं है।"

"सदानंद जी के जाने का दुःख लगता है।"

"जी।" डा. प्रकाश ने मेरे दिल को कैसे पढ़ लिया, सोच कर एक मिनट के लिए हैरानी हुई थी। और इस बात को देख कर तो आश्चर्य हो रहा था कि उनके चेहरे पर दोस्त के जाने का कोई गम नहीं। जबकि वो तो सदानंद जी के अभिन्न दोस्तों में से एक थे।

"पता है आकाश, मैं अपनी पत्नी को कल रात बता रहा था कि सदानंद जी आकाश को जीवनपर्यन्त याद आयेंगे।"

"वो कैसे सर..?" इस बात पर मैं सकपकाया था। एक बार फिर कैसे पढ़ लिया गया। कहीं हमारे झगड़े के बारे में इन्हें भी तो नहीं पता? हो सकता है, पक्के दोस्त थे।...एक मिनट में ही सोच गया था।

"अरे भाई तुम्हारे साथ ही तो अपना आखिरी नाटक खेला था उन्होंने..."

"जी"

"भई बहुत बढ़िया नाटक था। मैंने उसी रात उनको फोन पर बधाई दी थी और तुम्हारी भी तारीफ की थी। उन्होंने ही मुझे तुम्हारी लिखी अगली कहानी पढ़ने

को भेजी थी।"

"अच्छा...!"

"भई, तुम कहानी बहुत अच्छी लिखते हो...।"

"पता नहीं...। मगर वो नाटककार ज्यादा अच्छे थे...दुःख है जो जल्दी चले गए।"

"दुःख है ! मुझे तो खुशी है कि बड़े ठीक समय पर चले गए। पचहत्तर पार कर चुका था। मुझे तो उससे ईर्ष्या हो रही है..."

"ईर्ष्या...!" सुनकर मैं चकराया था। वैसे तो खुद अस्सी पार कर चुके हैं। वो दीगर बात है कि बीमारी से परेशान हैं मगर खुश रहते हैं। लेकिन फिर भी दोस्त के लिए ऐसी बातें...!!...वो भी खुलेआम!!

"पता है तुम्हें, उन्होंने अपनी डायरी में अंतिम शब्द क्या लिखे थे। '...रात 8.45 आसनसोल स्टेशन पहुँचा, अब सोने की कोशिश करूंगा।' शायद उसके कुछ देर बाद ही जब वे अपनी सीट से लुढ़कने लगे तो बगल की सीट में लेटे साथी कलाकार ने देखा और हड़बड़ाकर उन्हें पकड़ा था। तब तक गाड़ी आसनसोल स्टेशन छोड़ चुकी थी। चेन खींची गयी और किसी तरह सभी कलाकारों ने मिल कर उन्हें अस्पताल पहुँचाया। मगर कहते हैं, तब तक उनकी मौत हो चुकी थी। चिरनिद्रा में जाने में उन्हें सेकेंड भी नहीं लगा। कोई बीमारी नहीं, कोई कष्ट नहीं। अंतिम समय तक पूरी मस्ती। और क्या चाहिए...। अस्पताल के बिस्तर पर नाक में ऑक्सीजन की नली, कलाई पर ग्लूकोज की सुई और कई जगह शरीर में सर्जरी कराकर जीने से क्या फायदा। है न खुशी की बात? पता है आकाश, मेरा दोस्त जीवनपर्यन्त हीरो रहा। और अन्त में भी उसने साबित कर दिया कि असली हीरो वही है। क्या ख्याल है तुम्हारा...?"

"जी...! हाँ..." मैं कुछ बोलने की स्थिति में न था।

"क्या तुम्हें मालूम है, मुझे आज उससे जलन क्यूँ हो रही है? जवानी में बहुत हद तक आप हीरो का रोल अदा कर सकते हो। मगर अंतिम सीन तक भी आप हीरो ही बने रहोगे, जरूरी नहीं। ऊपर वाले के हाथ में है। कमजोर, घिसट कर, परेशान होकर, तिलतिल मरते जब बड़ों-बड़ों को देखता हूँ तो दुःख होता है। मैं तो कहता हूँ टॉप पर रहते हुए ही रिटायर हो जाना चाहिए। मगर जीवन के रंगमंच में आपके हाथ में कुछ नहीं। यहाँ पर ऊपर वाले डायरेक्टर ने उसके साथ तरफदारी की, वहाँ तुमने भी उसको आखिरी दृश्य में मार कर असली हीरो बना दिया था।

मेरे दोस्त की इससे बेहतरीन विदाई नहीं हो सकती थी। है न जलन का कारण? आज अगर मैं बिस्तर पर लेट कर महीनों-सालों बाद मरूं तो क्या फायदा...?" सुनकर मैं चुप ही रहा था, सच तो यह है कि नाटक में पात्र को मरना ही नहीं था। दुःखों को झेलते हुए जीना था। डा. प्रकाश की तरह। हिम्मत से।...हो सकता है अगर मेरे असली पात्र को वो देखते तो शायद कुछ राहत महसूस करते।...हो सकता है फिर सदानंद की जगह कहीं न कहीं खुद को हीरो के साथ पाते। और फिर मेरी तरह ऐसे किरदार को पलायनवादी कहते, जो दुःखों को सह नहीं पाते और उसके बोझ से जल्दी मर जाते हैं। मगर यहाँ तो उनकी तारीफ हो रही है।...कहीं डॉ. प्रकाश अब जीने के बजाय मरने का इन्तजार तो नहीं कर रहे?...शायद...अपने दुःखों से वो कहीं न कहीं टूट रहे हैं। डॉ. प्रकाश की बातों के पीछे छिपे दर्द से परेशान हुआ तो पगला कर एक बार फिर सुनील के पास था। उसने बैठते ही पूछा तो कह दिया कि बीयर लूंगा।

"दिन में...?"

"क्यूँ, तुम भी तो लेते रहते हो..."

"मेरा क्या? मैं तो अपने दिमाग के भ्रमजाल में फँसा रहता हूँ, मगर तुम तो कला के नशे में रहते हो...सृजन का आनन्द, वो ज्यादा अच्छा है।"

"हो सकता है, मगर अभी तंग हो रहा हूँ।"

"सदानंद जी को लेकर...?"

"हाँ"

"क्यूँ? श्मशानघाट का बुखार इतनी जल्दी उतर गया जो कल तो दुःखी हो रहा था और आज तंग हो रहा है..."

"देख, अब टोंट मत मार...तू भी तो गया था दुनिया दिखाने को और चेहरा दिखा कर ही लौट आया।" मौका मिला तो मैं भी चूकने वाला नहीं था।

"सुनना चाहता है तो सुन, मैं गया था यह देखने कि वहाँ कंधा देने के लिए चार बन्दे हैं या नहीं...और तुम गए थे इसलिए नहीं कि तुम्हें दुःख हुआ था, तुम्हें अपने कहे पर अफसोस हुआ था, एक आत्मग्लानि। तुम उससे निकलना चाहते हो।...असल में सदानंद की नहीं अपनी आत्मा को शान्त करना चाहते हो तुम...।" सच सुनकर मैं अन्दर तक हिल गया था। और फिर बीयर के घूंटों ने संभाला था। अब जब सच खुल ही गया तो आगे धीरे-से मगर खुल कर बोला,

"असल में डॉ. प्रकाश से मिलने गया था।...उनके हिसाब से भी सदानंद

जी असली हीरो हैं, चूंकि बिना किसी कष्ट के वो सही समय चले गए।...सच यार, बूढ़ा अपना काम कर गया। अपने ढंग से चलने वाला बेपरवाह इन्सान...लकी मैन. ..और मैं बेवजह उनके लिए संटिया रहा हूँ।"

"यह तुम दोनों का दृष्टिकोण हो सकता है, अब पता नहीं सच क्या है। हाँ, वो हर वक्त खुश रहते थे। हो सकता है, अपना दर्द बखूबी पीते हों ऐसे कि किसी को पता भी न चले...। अमाँ यार, ऊपर वाले के रंगमंच में एक से बड़े एक कलाकार हैं। अनगिनत वैरायटी। और सब अपने-अपने किरदार में एकदम फिट..." उसने बीयर के केन से एक लम्बा घूँट मारा था।

"...मगर इतना ही दर्द सीने में छिपा कर जी रहे थे तो फिर वही किरदार हमारे नाटक में निभाने में, क्या जा रहा था?" मैंने भी अगला घूंट लिया था। नशा होने लगा था।

"सही ढंग से निभा नहीं पा रहे थे। रिहर्सल में अंतिम दिन तक खुद सन्तुष्ट नहीं थे, परेशान थे, मगर स्टेज पर जाकर अचानक सीन चेंज कैसे कर दिया, यह बात समझ नहीं आयी...हो सकता है कुछ नया करना चाहते हों...या फिर कोई संदेश देना चाहते हों...।"

"बेकार की फिलॉसफी अब मत झाड़ना। बात सिर्फ इतनी-सी है कि अपनी हेकड़ी चला गए। नहीं बन रहा था तो पहले बता देते, छोड़ देते...मगर नहीं, हीरो जो बनना था।"

"...सच जीवन के रंगमंच और नाटक में यही अन्तर है यहाँ जैसा चाहो, वैसा कर लो...। क्या ऊपर वाले के नाटक में कोई ऐसा कर सकता है? बिल्कुल नहीं। कोई अपनी मर्जी से कुछ नहीं कर सकता।...जहाँ तक रही हीरो बनने की बात, तो अब इसे क्या कहोगे? सदानंद जी, डा. प्रकाश के नायक तो तुम्हारे खलनायक और उनके परिवार वालों से पूछो तो कुछ और...अर्थात सबकी अपनी-अपनी राय...। शायद हम सब एक-दूसरे के दर्शक हैं और अपनी-अपनी निगाह से, समय के हिसाब से, सामने वाले को देखते-परखते हैं।...जीवन में भी...नाटक में भी...। मगर लगता है ऊपर वाले की निगाह में सब एक समान हैं...। अब इसे ही देख लो मरने के बाद सब मिट्टी, है न...।" वो फिर दार्शनिक हो रहा था।

"मरने के बाद का तो पता नहीं लेकिन जिंदा रहते सब की अलग-अलग कहानी है। कहीं सुख, कही दुःख...कोई ऐश मार रहा है तो कोई साला ज़िन्दगीभर बोझा

ढो रहा है।" मैंने उसे रोका था।

"किरदार हैं सब, किरदार। तुम्हारे नाटक की तरह...बस।"

"अच्छा...!!!" मैं अब झुंझलाया था। "बड़ा तानाशाह है तुम्हारा ईश्वर... बस अपनी मर्जी चलाता है। कम से कम हर बात की वजह होनी चाहिए। हमारे नाटक में पता तो होता है, क्यूँ और क्या होना है..."

"ठीक है तुम्हारे नाटक में डायरेक्टर से लेकर पात्रों तक, सबको सब कुछ पता होता है कि किसे कब क्या बोलना और करना है...कहानीकार भी समय के हिसाब से काट-छांट करता रहता है, और फिर लम्बी रिहर्सल।...फिर भी तो वो बात नहीं आ पाती जो जीवन की एक्टिंग में है..." उसके इन शब्दों ने मुझे एक मिनट के लिए रोका था। सोचने के लिए मजबूर किया तो धीरे-से इतना ही कह पाया था,

"जीवन में भविष्य का कुछ नहीं पता। इसलिए स्वाभाविक रूप में सब चलता है। असल में नाटक में आगे का पता होना ही अभिनय में कृत्रिमता पैदा करता है..."

"क्या!!! क्या कहा...? एकदम गलत। अरे बाबा जीवन का तो सभी को पता है कि एक दिन मर जाना है, फिर भी लोग कितना तमाशा करते रहते हैं। है न दुनिया का सबसे बड़ा आश्चर्य, मायाजाल,...ऊपर वाले का।"

"ठीक है, ठीक है। ये नाटक और जीवन के फण्डे छोड़। मगर ऊपर वाले की ये क्या बात हुई कि एक के साथ ही इतना दुःख। बिना वजह, वो भी लगातार। अरे कहीं तो रुकना चाहिए।" मेरा इशारा डा. प्रकाश की ओर था।

"रुकेगा रुकेगा...।"

"कब, जब सहने लायक कुछ नहीं बचेगा?"

"हो सकता है।"

"यह क्या बात हुई? मजाक नहीं यार, आदमी को कहीं कुछ तो स्वतन्त्रता दो..."

"क्यूँ, तुम्हें अपने नाटक में सदानंद जी की स्वतन्त्रता पसन्द आयी थी? नहीं। तो फिर ऊपर वाले को कैसे पसन्द आ सकती है।" वह बोलकर एक बार फिर जोर से हँसा था। सुन कर मैं अवाक् था। नशा भी झटके में उतर चुका था।

सब्र

मुंबई की तेज भागती जिंदगी मुझे कभी पसंद न थी। तीस वर्ष पूर्व नौकरी के सिलसिले में वहाँ जाने से ठीक पहले लोगों ने कहा था, 'जो बम्बई एक बार जाता है लौट कर नहीं आता और वहीं बस जाता है।' वहाँ की बढ़ती हुई आबादी से लगता है कि यह सच होगा। मगर मैं वहाँ बसने से पूर्व ही छोड़ कर भाग आया था। अपने आपको दो सागरों के बीच फँसा हुआ महसूस करता था। एक ओर अरब सागर, ऊपर से शान्त, स्थिर, गम्भीर परन्तु अन्दर से चंचल; अपने नजदीक नहीं आने देता। दूर से देख कर ही उसकी विशालता को स्वीकार करना पड़ता। किनारे खड़े होकर ही उसके सौंदर्य को निहार पाता। दूसरी ओर अपार जनसमूह, समुद्र के विपरीत अशान्त, अनियंत्रित व चलायमान। मुम्बई वी.टी. हो या चर्च गेट रेलवे स्टेशन, सुबह-सुबह देखने पर लगता था कि लोगों का अथाह समुद्र बेसब्री से कहीं भाग रहा है। एक बेरहम भीड़, जिसकी संवेदना मानव के मन से खिसक कर मानो लोगों के पैरों के नीचे कुचल गयी हो। समुद्र और भीड़, दोनों में विशालता के अलावा एक और समानता थी, दोनों के पास नजदीक जाते ही आपका अस्तित्व खत्म हो जाता और आप उसमें विलीन हो जाते। मुम्बई की दिनचर्या में जिस जीवन के लिये सब कुछ किया जा रहा था, उसी जीवन को जीने का वक्त नहीं था। जीवन एक मशीन था और मुम्बई इस तरह के जीवन का एक प्रतीक।

उस वक्त देश के अन्य हिस्सों में दृश्य भिन्न था। बाम्बे छोड़ कर सीधे हिमाचल प्रदेश आने पर तो लगा था कि यही स्वर्ग है। विशाल एवं अत्यन्त्र सुन्दर हिमाचल के आँचल में जीवन शान्त, सन्तुष्ट, उदार और स्थिर था। ध्यानपूर्वक संस्कृति व दिनचर्या को देखने पर लगता कि मानो पहाड़ों ने मानव के पैरों में बेड़ियाँ बाँध दी हों, चाह कर भी आप दौड़ नहीं सकते। संगीत, नृत्य शैली और जीवन पद्धति-सभी शान्त एवं धीमा, परन्तु सौंदर्य और खुशियों से लबालब भरा हुआ।

पिछले कुछ वर्षों में मुम्बई की हवा ने पूरे देश को अपने आगोश में ले लिया। अब जहाँ भी निगाह डालो, वहीं लगता है कि सभी भाग रहे हैं। क्यूँ, कहाँ और किसलिए, मुझे आज तक समझ नहीं आया था। लगता कि पहाड़ों ने इस हवा को कुछ हद तक रोक रखा है और चोटी पर बैठ कर मैं अपने आप को सुरक्षित महसूस करता। मल्होत्रा जी के पिछले कुछ दिनों के अनुभवों से मेरे विचारों को आत्मबल मिला था। वह मूल रूप से पहाड़ के रहने वाले मैदान पर चलने वाली हवा में बहने लगे थे और मैं नीचे मैदान से आकर पहाड़ी संस्कृति में ढल चुका था।

हम दोनों हम-उम्र थे साथ-साथ नौकरी ज्वाइन की थी। विचारों में समानता नहीं थी मगर दोस्त होने के लिए यह कोई जरूरी भी नहीं। कुछ वर्षों में ही उन्होंने अपार धन सम्पत्ति इकट्ठी कर ली थी। उनके लिए पैसा कमाने की कोई सीमा नहीं थी और उसकी कोई परिभाषा या नियम भी नहीं थे। उनके लिए रिश्वत अधिकार था। जहाँ से आये, जैसे भी आए, ले लेना और अगर कोई ना दे तो छीन लेना। वह भौतिकता एवं विकास की दौड़ में बहुत आगे निकल गये थे और मैं बहुत पीछे रह गया था। वह अम्बाला से चण्डीगढ़, मीटिंग के सिलसिले में जब भी आते, मुझे कोई हीन भावना हो न हो, उन्हें...अभिमान व दंभ अवश्य रहता था। कुछ और नहीं तो बच्चों में ही फर्क करते थे। अपने लड़के को कम उम्र में ही सब कुछ दे दिया था—गाड़ी, मोबाइल, पैसा। तेज दौड़ते लड़के को देख कर, कहते जरूर थे कि धीरे चला कर, परन्तु चेहरे की मुस्कुराहट कुछ और बयान करती थी। सभी चीज जल्दी में करना चाहते थे। मुझे कहते भी थे, "शर्मा, तुम यूँ ही बूढ़े हो जाओगे। जीवन बहुत छोटा है सब कुछ पाने के लिए तेज दौड़ना पड़ता है।"

उस 'सब कुछ' की परिभाषा, मैं कभी भी समझ नहीं पाया था। उन्हें शुरू से ही सब्र नहीं था और मुझे सदैव सन्तुष्टि रहती थी। कल भी फोन पर अतिशीघ्र मिलने का आग्रह करते-करते रोने लगे थे। उस दुर्घटना के बाद से ऑफिस आना भी बन्द था। पिछले महीने चंडीगढ़ मीटिंग में गया था तो उनकी अनुपस्थिति खल रही थी। वहीं सुना था कई बीमारियों ने उन पर कब्जा जमा लिया था। चल भी नहीं पाते थे। सुनकर धक्का लगा था। अभी उम्र ही क्या थी, रिटायर होने में पांच साल बचे थे।

छुट्टी का दिन था। घर से सुबह जल्दी अम्बाला के लिए निकल पड़ा था। सोचा, मल्होत्रा जी को देख कर शाम तक लौट आऊँगा। वैसे तो पहाड़ी रास्तों में इन्सान

की तेजी कम चलती है। रोड सर्पीले व घुमावदार हैं। ऊपर से ट्रैफिक बढ़ गया है। विज्ञान ने बहुत उन्नति कर ली है, एक से बढ कर एक गाड़ियाँ उपलब्ध हैं, हवा से बातें करने में सदैव तत्पर, मगर पहाड़ों पर ज्यादा तेज चलाने पर सीधे खाई, खड्ड में गिरने का डर रहता है। कार के बायें ओर के शीशे से बाहर झाँकते ही खाई की ओर देखने पर आशुतोष की कार दुर्घटना याद आने लगी थी। सोचते ही सिहर गया था। जब दुर्घटनाग्रस्त कार क्रेन के द्वारा निकाली गयी थी तो उसके शरीर का अता-पता ही नहीं चल पा रहा था, कार भी टूट कर पूर्णरूप से खत्म हो चुकी थी। भयावह दृश्य की याद से घबरा कर पुरानी बातें भूलने की कोशिश में सामने नजर दौड़ाई तो देखा, गाड़ियाँ पहाड़ों से टक्कर लेने को बेताब दौड़ रही हैं। उस दिन के बाद से तेज गाड़ी में और अधिक डर लगने लगा था। ड्राइवर को सदैव धीरे चलने की हिदायत देता रहता था। वैसे भी पहाड़ों पर जरा-सी भी चूक अर्थात एक तरफ खाई और दूसरी तरफ सामने से आती गाड़ियाँ। ड्राइवरों को सँभल कर चलना होता था। नीचे मैदान से आने वाले अधिकांशतः सावधान होकर वाहन चलाते। जो युवक अपनी चाल व ऊर्जा को नियंत्रित नहीं रखते उन्हें पहाड़ कभी माफ नहीं करता। आशुतोष के हश्र की भी यही वजह थी।

यही सबकुछ सोचते-सोचते ठंडी हवा में कब नींद लग गयी, पता ही नहीं चला। पहाड़ों से नीचे उतर कर कालका पार करते ही गर्मी और पसीने से नींद खुल चुकी थी। चारों ओर कंक्रीट का बढ़ता जंगल और इन्सानी व्यावसायिक आपा-धापी दिखायी देने लगी थी। चण्डीगढ़ के रास्ते अम्बाला की ओर आगे बढने पर भौतिकता, विकास व मानव निर्मित वैभव का नजारा देख कर आँखें फट रही थी। चमचमाती गाड़ियाँ तेज रफ्तार से भाग रही थीं। नौजवान मोटर-साइकिलों पर, कंधों व कानों के बीच मोबाइल लगाये, बात करते हुए दौड़ रहे थे। उनका समय शायद ज्यादा कीमती था। मगर किसलिए और किसके लिए, सोच-सोच कर हैरानी हो रही थी।

चण्डीगढ़-अम्बाला हाईवे पर गाड़ियों की लम्बी कतार देखकर ड्राइवर ने ओवरटेक किया एवं दूसरी कतार में आगे बढ़ गया। यह तरीका मुझे शुरू से ही पसंद नहीं। मैं अपनी नाराजगी ड्राइवर को जाहिर कर रहा था और साथ ही साथ पहली कतार में खड़े ड्राइवरों व पैसेंजरों का रोष भरा चेहरा देखता जा रहा था। बड़ा खराब लगता है। आगे कुछ न कुछ परेशानी होगी इसीलिए तो ट्रैफिक रुका है। इस बात को जानकर भी, नजरअंदाज करके हम दूसरी लाइन बनाने लगते हैं। यह विचार, मैं व्यक्त करते-करते अपनी नापसन्द को नाराजगी में परिवर्तित कर

रहा था कि हमारे पीछे-पीछे चल रही कार का चालक बार-बार हॉर्न बजाने लगा। हम रुके हुए ट्रैफिक के छोर के नजदीक पहुँचने तक पीछे वाली गाड़ी का हॉर्न सुनते रहे। रुकी हुई पहली कतार के बावजूद, दूसरी कतार में आगे बढ़ते रहने पर भी पीछे गाड़ी वाले की जल्दबाजी देखकर मैं आश्चर्यचकित हो रहा था।

सामने एक दुर्घटना थी। एक कार और ट्रक की आमने-सामने की टक्कर थी। दो पुलिस वाले कुछ लोगों से बात कर रहे थे। क्रेन का इन्तजार था। दुर्घटना बड़ी भयानक व ताजी थी। कार आधी ट्रक के अन्दर घुस चुकी थी। मैंने गाड़ी से उतर कर आगे बढ़कर जिज्ञासावश देखना व पूछना चाहा था कि पीछे कार वाला तीसरी कतार बनाता हुआ आगे बढ़कर दुर्घटनास्थल को पार करने की कोशिश करने लगा। पुलिस वाले की सीटी का असर और जगह न होने पर उसे वापस तीसरी लाइन में लौटना पड़ा था। इस तरह चार लाइन की सिंगल रोड पर तीन एक तरफ और तीन दूसरी ओर की लाइनें बन चुकी थी। इस तरह से रोड के बन्द हो जाने के कारण क्रेन के आने में परेशानी भी हो रही थी।

"क्या हुआ?" मैं पुलिस वाले से पूछ रहा था।

"एक्सीडेंट है साहब।" सीधा-सा जवाब था।

"कैसे?"

"कार वाला बहुत तेजी में था। ओवरटेक कर रहा था। सामने से आ रहे ट्रक से भिड़ गया, ड्राइवर और बगल की सीट वाले की बॉडी को अभी-अभी किसी तरह कार का शीशा तोड़ कर निकाला है।" पुलिस वाला एक सांस में बोल गया था।

"पता नहीं क्या हो गया है लोगों को, कैसे चलाते हैं?" पीछे वाली कार का ड्राइवर, एक नौजवान, जो कार मालिक लग रहा था, उसे भी उतर कर घटनास्थल पर नजदीक आता देख मैं बोल पड़ा। कार की क्षतिग्रस्त हालत ने मुझे आशुतोष की फिर याद दिला दी थी जिसका प्रतिबिम्ब मैं उस नौजवान की तेजी में देख रहा था।

"सब्र नहीं है साहब।" पहला पुलिस वाला सीधी सपाट बात कर रहा था।

"हर कोई जल्दी में है।" दूसरे पुलिस वाले ने उसका साथ दिया था।

"अब देखिए, जानते हुए भी दोनों ओर तीन-तीन, चार-चार पंक्तियाँ बना डालीं। क्रेन को आने में तकलीफ हो रही है और रास्ता खुलने पर भी आप लोगों को ही तकलीफ होगी। मगर कोई समझने को तैयार ही नहीं।" दोनों पुलिस वालों ने सभी लोगों को, जो वहाँ खड़े थे, देख कर कहा था।

तभी चौथी लाइन बनाता हुआ साथ में सायरन बजाता हुआ, एक लालबत्ती कार का चालक किसी अधिकारी या नेता को लेकर आगे बढ़ने की कोशिश करने लगा। परन्तु नाकामयाब होने पर बची हुई सड़क को भी घेरता हुआ वहीं खड़ा हो गया।

सभी जो पहले दूसरी और तीसरी कतार बनाकर स्वयं गलती कर चुके थे, गुस्से से लालबत्ती कार के ड्राइवर को देखने लगे मानो सिर्फ उसी ने गलती की हो। दोनों पुलिस वाले थोड़ा सतर्क होकर बुदबुदा उठे,

"अब सायरन क्यों बजा रहा है, उड़ कर जायेगा क्या?"

मैं सुनकर अनायास ही मुस्कुरा उठा था।

थोड़े समय में, क्रेन ने आकर रास्ता साफ किया ही था कि बिना कुछ देखे तीसरी लाइन का वह नौजवान ड्राइवर सभी को पीछे छोड़ कर फुर्र से आगे बढ़ गया और साथ ही पीछे-पीछे सायरन वाला भी उतनी तेजी में गया था। दो लोगों की दुर्घटना स्थल पर ही मौत को देख कर भी उनमें कोई फर्क नहीं था।

"पन्द्रह दिन की ड्राइवरी है साहब, इन लोगों का यही होगा। खुद तो मरते हैं, परन्तु बड़ी गाड़ी वाले को गलती न होने पर भी भुगतना पड़ता है...।" गाड़ी में बैठते ही ड्राइवर बोल रहा था।

आगे गया कार वाला किसी से भिड़ न जाये, ऐसी दुआ करता हुआ मैं ड्राइवर की बातें सुनता रहा। साथ ही सोचता रहा कि मरने के बाद सभी जीवित परिजनों को ज्यादा भुगतना पड़ता है। मलहोत्रा जी भी तो एकलौते पुत्र आशुतोष के जाते ही पूर्णरूप से जीते जी खत्म हो चुके थे। अब उन्हें पश्चाताप तो था ही, साथ में मरने का बेसब्री से इन्तजार...।

रास्ते में दोनों ओर की हरियाली के बीच तेजी से उग रहे कंक्रीट के जंगल और देश के विकसित क्षेत्र को मैं देख रहा था और सोचने लगा, क्या हम वास्तव में पूर्णरूप से विकसित हो पाये हैं?

●●●